怎麼教都沒用，
是不是我的錯？

擺脫教養焦慮的日常對策

精神暴力防治諮商師
Joe

楓葉社

【作者簡介】

Joe

精神暴力防治諮商師。1976年出生。有一對典型處於精神暴力關係中的父母，並度過了自己的童年。由於這樣的經驗，懂得施以精神暴力之人，以及受到精神暴力之人的心情。進而慢慢開始提供周圍身處相同環境的人們，如何應對精神暴力的建議。現在以社會中「因特別原因而無法離婚」的精神暴力被害者為對象，教授不受精神暴力的方法。以「不離婚精神暴力防治諮商師」的身份，展開個人諮商及在各地舉辦演講等。著作有《不敢當壞人，永遠被當濫好人》（世茂出版）、《擺脫被操控的人生》（世茂出版）。

部落格：http://ameblo.jp/moraharagekokujo/
訂閱電子郵件：http://www.reservestock.jp/subscribe/21625

怎麼教都沒用，是不是我的錯？

擺脫教養焦慮的日常對策

出　　版／楓葉社文化事業有限公司
地　　址／新北市板橋區信義路163巷3號10樓
郵政劃撥／19907596 楓書坊文化出版社
網　　址／www.maplebook.com.tw
電　　話／02-2957-6096
傳　　真／02-2957-6435
作　　者／JOE
翻　　譯／李婉寧
責任編輯／陳亭安
內文排版／楊亞容
港澳經銷／泛華發行代理有限公司
定　　價／420元
初版日期／2025年9月

國家圖書館出版品預行編目資料

怎麼教都沒用，是不是我的錯？擺脫教養焦慮的日常對策 / JOE作；李婉寧譯. -- 初版. -- 新北市：楓葉社文化事業有限公司, 2025.09　面；公分

ISBN 978-986-370-844-5（平裝）

1. 親職教育　2. 育兒　3. 親子溝通

528.2　　　114010792

前言

當因為孩子不如我意，而出聲責罵時，我也會因此感到悲傷。
責備著沒盡到母職的自己，並且哭泣。
然後再繼續怒罵：「為什麼要讓我這麼為難！」
說著：「都是你，害我那麼傷心！」

其實在這個世界上，許多媽媽都不知道該如何愛孩子。
為什麼會不知道該怎麼愛孩子呢。
那是因為媽媽本身，也沒感受到自己父母的愛。

但我不一樣。我才不是那種媽媽！

我孩子的幸福，比什麼都重要。

比起自己，我更希望我的孩子能幸福。

正因如此，我拼命思考、計劃該如何讓孩子未來能幸福。並希望引導孩子按照計畫走。

然而孩子不會依照媽媽的期待行動。

不希望孩子步上自己後塵的媽媽，會拼命對孩子說。

「你應該這麼做。」

「這麼做就對了。」

「若照我說的做，你就能得到幸福。」

「若這麼做，就不會像我一樣不幸。」

「為此，我什麼都願意為你做。」

媽媽這麼說著，並竭盡全力努力。但孩子卻不開心，也不願意照著做。

無論怎麼做，孩子看起來都很不幸。

明明應該開心的啊，但孩子卻露出了不幸的表情。

「我以前很不幸，所以我絕不希望我孩子跟我一樣。」

「但為什麼他沒展露笑顏呢？」

「該怎麼讓孩子理解呢？」

明明縝密地計算，並希望能引導他，但孩子卻不往幸福的道路上走，讓這位媽媽幾乎失去理智，最後暴怒。

「別露出那種不幸的表情！」「為什麼你看起來不開心呢！」

這位媽媽之所以會變成如此，原因很簡單。
因為這位媽媽認為，身為家長的我，應該為我的孩子構築人生。
但這個孩子並非媽媽，和媽媽是不同的個體。
所以即使照著媽媽的話去做，也不代表能感受到媽媽想像中的幸福。
那個孩子帶著自己的特質來到這個世界。順著這種特質生活，才是最有可能讓那孩子獲得幸福的方法。只要採取這方法，連媽媽本人也不需要那麼辛苦了。

但由於在那位媽媽的成長過程中，自己的情緒未被接納過，因此她並不懂這件事。正因如此，每當看著自己的孩子沒走在自己鋪好的完美道路上，就會感到絕望。

身為精神暴力防治諮商師，有無數的被害者來找我商量。
找我商量的人之中，有在家庭、職場上遭到精神暴力的人，也有無論去哪裡，都會成為霸凌目標的人。又或是對生活感到痛苦，無法順利建立人際關係的人，以及許多光是活著就感到痛苦的人。

而這些人，其實多半在童年時的教養方式上就已經出現問題了。童年時持續經歷嚴苛的逆境，會對一個人的一輩子中帶來諸多不好的影響。而這種影響，會在這個人有了孩子後，再以嚴苛的形式呈現。

也就是說，會不知到底該如何教育自己的孩子。

因為自己也沒有好好被教育過。

在聽這些媽媽傾訴的過程中，我注意到了一件事。

「這麼說來，都沒有針對這種人出的育兒書籍耶。」

這世界上的育兒書籍，目的多半都是在教我們怎麼做好育兒。

該怎麼育兒，才能讓孩子進好的學校；該怎麼育兒，才能提升他們的學習能力；該怎麼做，才能培育出未來被社會稱之為菁英的人類。而這些書，基本上都是以育兒一定會順利為前提而寫，且所期望的目標都相當高。

至少並沒有針對認為：「我連怎麼教育孩子都不知道」、「我連一般的育兒基礎都不了解」、「我連該努力到什麼程度都不知道」這種媽媽所寫的內容。

因此我決定針對平時遇見的那些對育兒沒信心、沒有餘裕、完全不知道該怎麼做的媽媽們，寫下一本「不懂育兒的人，只要先做到這些事就沒問題！」的書，也就是本書。

所以這本書的受眾很明確。

我希望符合以下狀況的人，可以實踐這本書中的內容。

- 現在正被育兒逼到絕境的人
- 育兒時，完全得不到幫助的人
- 單親媽媽，獨自育兒的人
- 過度追求理想中的教養方式，卻事與願違的人
- 自己在不健全的家庭中長大，完全不知如何育兒的人
- 看過其他育兒書籍，卻仍不順利的人

符合以上狀況者，就是這本書的受眾。

重點在於**首先要讓媽媽本人變輕鬆**。

當媽媽變輕鬆後，育兒也會開始走向順利。

關於原因和具體方式，我接下來會一一向大家說明。

不要好高騖遠，盡可能迴避風險，不要耗費太多心力，一起開心育兒吧。

因為這才是孩子們心目中，最想看到的媽媽。

※本書中的育兒對象原則上為4～12歲的孩子。

二〇二一年十二月

Joe

目 次

怎麼教都沒用，是不是我的錯？擺脫教養焦慮的日常對策

前言

第1章
面對孩子的心「勿種植，應耕耘」

家長對孩子造成的兩個影響……16
「種植育兒」和「耕耘育兒」……25
來看看你是「種植育兒」還是「耕耘育兒」吧……29
達到「耕耘育兒」的兩個策略……32

第2章
面對孩子應採取「放牧」法

用「放牧」的方式來育兒吧……36
孩子是一種能靠自己成長的生物……40

第 3 章

「放牧系統」實踐篇

◎擴大放牧的「柵欄」範圍才是正確答案……44
◎設下放牧的「柵欄」吧……48
◎建議將提升學識的順位往後排……53
◎孩子規律的生活節奏，能讓你變溫柔……56
◎維護放牧系統「柵欄」的方法……60
◎若孩子多次跳脫柵欄，不如暫時擴大柵欄範圍吧……63
◎藉由「放牧系統」消除對孩子的罪惡感……70
◎給所有認為「我沒有育兒天份」的人……74
◎給所有不認為自己孩子可愛的人……79

第4章

成為「帥氣媽媽」～【方法1】氛圍很重要～

「帥氣媽媽」策略能改善親子關係……84
「帥氣媽媽」實踐篇【方法1】氛圍很重要……101
零壓力的孩子心靈耕耘法……105
讓孩子心靈持續受到耕耘的「三秒溝通」……108
「三秒溝通」初級篇……112
「三秒溝通」中級篇……122
其他「三秒溝通」法……140
「三秒溝通」高級篇……148
覺得「三秒溝通」很難時……155
當孩子主動找你搭話時……165
孩子做得好時，應感到驚訝而非誇獎……174
家長只是孩子人生中的配角……178

第5章

成為「帥氣媽媽」～【方法2】冷靜應對～

「帥氣媽媽」會冷靜應對……182
❶【下功夫】和【放棄】的組合……185
❷冷靜堅持……194
❸帶孩子走入平穩的世界……201

第6章

「帥氣媽媽」的斥責方式

斥責或下指示時，在十秒內說出「原因」……208
用較強硬口吻說完話後，在一分鐘內恢復心情……213
擁有「發怒是我的必殺技」的想法……216

第7章

帶著驕傲育兒

◎帥氣媽媽就像「鋼管舞中的鋼管」……224
◎將「帥氣的自己」當作人生目標……227

書籍設計　山之口正和＋澤田幸平（OKIKATA）
插圖　Nakakihara Akiko

第 1 章

面對孩子的心「勿種植，應耕耘」

家長對孩子造成的兩個影響

○「種植」與「耕耘」

「面對孩子的心…『勿種植，應耕耘』。」

為育兒所苦惱的人，從今起，在面對孩子時，請務必意識到這點。

這麼做之後，應該有許多人在育兒上都會開始變得順利。

家長會帶給孩子的影響

種植

將知識、規則等家長腦中的想法全部告訴孩子。

耕耘

家長接納孩子的發言及行動等，並給予反應。

具體來說，到底該怎麼做呢？就讓我娓娓道來吧。

育兒時，家長會帶給孩子的影響有兩種。

第一種，就是將知識和限制、禁止事項、禮貌等家長腦中的觀念，直接植入孩子身上。

在本書中，我把這個行為稱為**「（家長對孩子的）種植」**。

還有一種，就是對於孩子所做出的行為，展現接納、同理及反應的回饋。

我將這件事稱為「（在孩子的心田）耕耘」。

比起「植物」，「土壤」更重要

請想像孩子心中有一片田。

那片田（孩子的心）的「土壤的肥沃度、柔軟度」，就是那個孩子現在及將來「人生順利的程度」。

另一方面，田上所種的植物，不過是那個孩子生存時所需的手段（道具）。

然而許多家長都會拼命在孩子身上，種自己想種的植物（道具）。因為家長認為，種下自己精挑細選之下的植物後，自己的孩子的人生會更順利。

但其實人要「活得順利」，靠的不是這個方式。

人要活得順利，靠的是那個人「心田的柔軟度」。而田上所種植的植物，不孩子的心田是什麼？

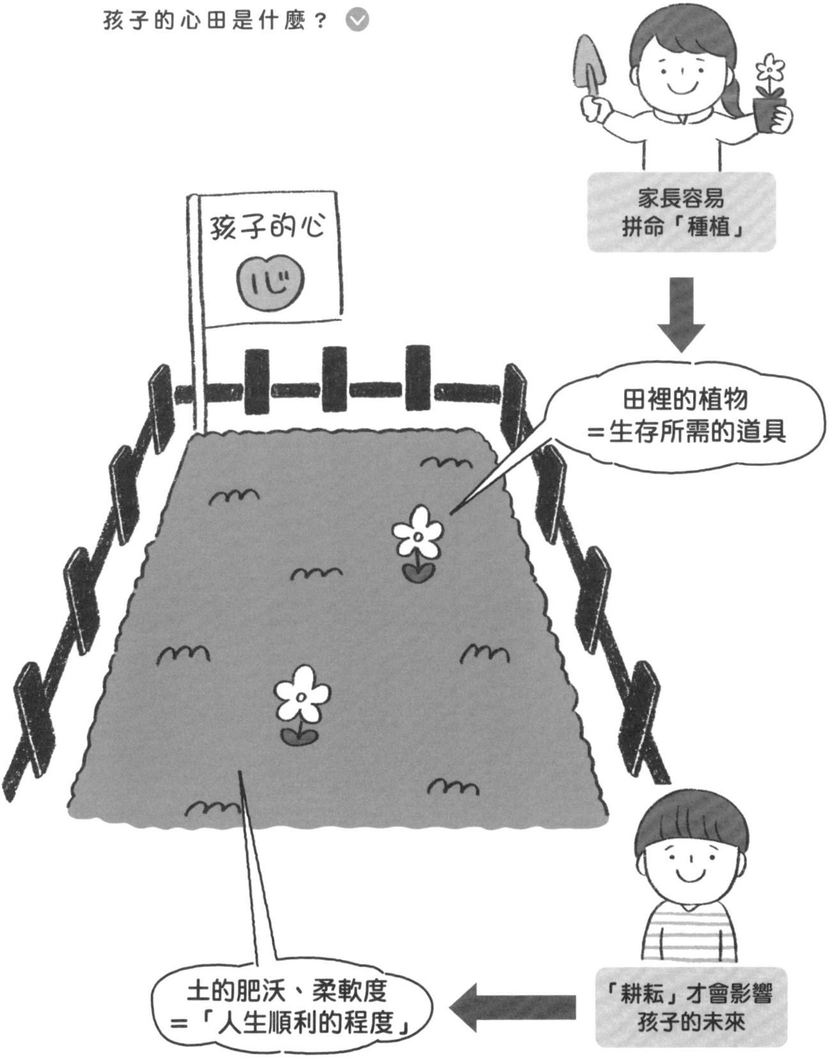

孩子的心
心
家長容易
拼命「種植」
田裡的植物
＝生存所需的道具
土的肥沃、柔軟度
＝「人生順利的程度」
「耕耘」才會影響
孩子的未來

過是那個人在社會中生存時使用的道具。

最重要的是，每當這片田遭其他人強制「種植」，就會變得更乾枯，更僵硬，更難以生存，導致任何植物都難以成長。

然而世界上許多的家長，都不這麼認為。

覺得自己孩子幼稚的意見很煩，進而忽視。並想將自己所想好的正確答案，「種植」在孩子身上。

彷彿像在做黏土時一樣，依據自己的喜好，捏好孩子這個作品，讓孩子變成家長喜歡的模樣。雖然家長自己很滿意，但許多孩子都因此過得更辛苦了。

當然，我並不完全否定「種植」行為。

甚至就實際層面而言，有時「種植」也是不可或缺的。

例如像走在路上時，不能突然跑到車子前面這件事，我們就必須將這件事的可怕深植孩子心中；另外如光吃糖果餅乾會搞壞身體、一定程度的學識、日本的文化風俗等，都應種植在孩子心中。若不將這些知識和概念深植孩子心中，孩子未來確實會活得比較不順利。

舉個極端的例子吧。就像無論多悉心耕耘心田，多用心培育，被養成「狼」的孩子終究無法在人類社會中生存。

因此家長在培育孩子時，一定程度的「種植」仍不可或缺。

但身為家長，在種植時請務必記得以下這點。

當孩子到你現在的年齡時，你會是幾歲，社會環境、人們的生活模式又會有多少變化呢？

即使如此，你還是想將自己的觀念種植在自己孩子身上嗎？

只要平時就很清楚這點，並有所自覺，每當想種植觀念給孩子時，就會想起：「即使孩子的心田有可能乾枯，且會讓我耗費龐大的勞力，我還是應該將這個想法加諸在孩子身上嗎？」並能更容易做出判斷。

總之最重要的是，只要大人將想法「種植」在孩子身上，就會有讓孩子心田乾枯、硬化的風險。

且這些你想「種植」的內容，在必要的時刻，孩子自己也會學習到，又或是會從朋友或學校老師身上學到。

更重要的是，在這個變化劇烈的世界裡，這些種在自己這片田上的植物，能隨著時代及環境的變化更換。而為了能隨時更換這些植物，就必須先準備好「心田的肥沃度、柔軟度」，打好基礎。

○唯有孩子願意敞開心門的對象，才能耕耘他們的心田

想打造「肥沃的心田」，必須有人持續耕耘孩子的心。**然而耕耘這項作業，其實只有身為家長的你才能辦得到。**

要建立孩子的人格，必須由孩子願意敞開心門（不是隨便一個人）的特定成人持續耕耘。

關於這點，從你的孩子並不是對任何成人，都能平等地敞開心房這點就能得知。對孩子來說，他們會非常渴望由自己所認可的特別對象（多半是父母），來耕耘自己的心。

也就是說，誰都能執行「種植」這項作業，但「耕耘」則並非誰都可以。

因此就這點性質而言，家長應該盡可能縮小在「種植」上的比例，**將重心放在「心的耕耘」上。**

因為這是只有你能完成的工作。這麼做，也有機會能讓孩子能活得更順利且注意到這點後，能大幅減少對孩子下指令及管理孩子的麻煩。對身為家長的你來說，育兒也將變得輕鬆許多，且更開心。

這就是我所謂的「面對孩子的心：『**勿種植，應耕耘**』」。

盡可能將「種植」比例縮到最小，多多「耕耘」孩子的心吧。

如此一來，身為家長的你，一定也能從過度教養的觀念中解放，育兒也能變得輕鬆許多。

「種植育兒」和「耕耘育兒」

接下來我將具體解說身為家長，為了孩子的將來，能給予的「種植」及「耕耘」，將分別帶來什麼影響。多留意這兩個影響，並依情況分別使用吧。

● 對孩子「種植」是什麼意思

雖然與前面的內容有點重複，但對孩子「種植」指的就是**將知識和限制、禁止事項、禮貌等家長腦中的觀念，直接植入孩子身上。**

例如「要這樣拿筷子」、「把鞋子排好」、「不要突然跑到路上」之類的事情。

多半是大人為了讓孩子學會未來生存所需的知識，而讓他們學習關於這世界的規則及知識的單方面行為。

而學校教育，以及教導道德、禮儀、常識等，以及「應該怎麼做」、「不可以怎麼做」等強制行為，基本上全都屬於「種植」行為。說好聽是「教育」，說難聽就是「洗腦」，再更難聽一點則是「馴化」。

因此可知，人在馴服動物時，基本上都會用「種植」的方式來調教。因此在人類育兒時，若過度依賴「種植」，就會讓孩子的心田變得僵硬，讓孩子無法自己思考，也無法調節自己的情緒，變成活得非常不順利的大人。

這就是本書中所說的「種植育兒」。

「種植」和「耕耘」的不同

在孩子的心種植

家長植入想告訴孩子的知識和感受性，基本上無視孩子的感受。

在孩子的心耕耘

孩子先表達自己的感覺。並接收家長給予的「肯定反應」，整理自己的心。

○對孩子「耕耘」是什麼意思

另一方面，「耕耘」孩子的心田，指的是家長接納孩子的行為表現，並回饋理解和反應給孩子。

例如，對於孩子的發言加以詢問：「你為什麼會這麼認為呢？」；對於撞到頭在哭的孩子說：「一定很痛吧！」對孩子表示感同身受。

再更基礎一點的行為，如和孩子的眼神交流、肌膚接觸、家長的笑容等肯定的反應，也都屬於心的耕耘。

與將原本孩子心中所沒有的概念，從外部以「知識」形式教導的「種植」不同。「耕耘」是家長針對孩子心中原本就擁有的情緒與感覺，回以肯定的反應，藉此培育孩子的「人格」。這就是本書中所說的「耕耘育兒」。

來看看你是「種植育兒」還是「耕耘育兒」吧

在還不熟悉時，應該會有些人搞不清到底什麼是「種植育兒」，什麼又是「耕耘育兒」吧。而P30～P31是「種植育兒」和「耕耘育兒」的簡易區別表。

從「若你是小孩，希望父母怎麼對你？」的角度來思考，多數人都會傾向選擇「耕耘育兒」。

但這並不代表「種植育兒」完全不可取。如前面所述，有時育兒時還是需要種植的過程，因此也不需要認為「非耕耘育兒不可」。只要當作參考，「大概知道這兩種育兒的不同」即可。

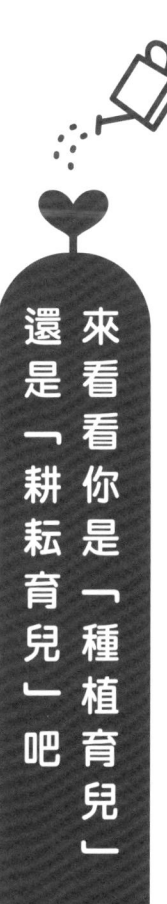

〈「種植育兒」和「耕耘育兒」的簡易區別表〉

1 對孩子的情緒

□ 種植：（對孩子的將來）期待

□ 耕耘：（對孩子的現在）有興趣、關心

2 對孩子的口頭禪

□ 種植：「希望你長大能成為這樣的人。」

□ 耕耘：「你長大希望成為怎樣的人呢？」

□ 種植：「別在意這種事嘛！」

□ 耕耘：「那時候你有什麼想法？」

□種植：「這麼做對你比較好。」
□耕耘：「你想怎麼做呢？」

3 對孩子的想法

□種植：「希望孩子能更了解！」
□耕耘：「我想更了解這孩子！」

4 對孩子說的話

□種植：「○○真了不起！」
□耕耘：「○○真有趣！」

達到「耕耘育兒」的兩個策略

要達到「耕耘育兒」有兩個策略。
而我將在第二章中介紹這兩個策略。

○面對孩子應採取「放牧」法

在第2、3章中，我們將會設定「耕耘育兒」的「架構」。
當尚未熟悉的人想執行耕耘育兒時，**可以試著將自己的育兒方式，直接套用**

「能自然而然達到耕耘育兒的架構」，將會方便許多。

育兒方式。

而這種能自然而然養成「耕耘育兒」的「架構」，其實就是「放牧」孩子的

這種方式這在Ｊｏｅ式育兒中，稱為「放牧系統」。

特別是對不擅於育兒的人來說，這是一種最沒有壓力，最適合的育兒方式，

請務必試試看。

○成為「帥氣媽媽」

在第４、５章中，我將說明在第２、３章中建立的「放牧」育兒架構中，媽

媽本身應採取什麼樣的作為，以及該如何與孩子相處。

而這些方法，其實就是「要像一個帥氣媽媽」。

光是以「帥氣媽媽」的姿態與孩子相處，就能解決妳大多數的育兒問題了。

而接下來也將詳細說明「帥氣媽媽」的思維，以及具體的行動方式（作為）。

請先將自己的育兒方式套用「放牧系統」的「架構」中，然後再加上「帥氣媽媽」的「動作（作為）」。

只要實踐這幾點，從今開始你就是「耕耘育兒」的達人。

不要氣餒，好好享受，讓孩子看看蛻變後的你吧。

第 2 章

面對孩子
應採取
「放牧」法

用「放牧」的方式來育兒吧

前面已經說明過，「耕耘育兒」會讓孩子的人生更順利。接下來我將說明「耕耘育兒」的架構「放牧系統」。

Ｊｏｅ式育兒的「放牧系統」，如文字所說是一種「放牧」的育兒方式。

○用最低限度的規則來教育孩子

這個方式不是要讓家長每天對孩子的教養等細節指手畫腳。而是用你訂定的「最少應遵守的規則」，來規範孩子的一切生活，採取「只要在這個規範中，孩子要怎麼成長都可以」的態度，讓孩子得到自由，也讓親子都能毫無壓力相處的育兒方式。

而你所訂定的「孩子最少應遵守的規則」，在放牧系統中就稱為「柵欄」。

○放牧系統中「柵欄」的功用

這裡說的「柵欄」指的就是「要去托兒所」、「要睡午覺」、「固定的點心分量」、「晚上〇點前要睡」等等。以維護孩子的安全、家庭秩序、維持媽媽精神為規範來設定的規矩。也就是為了保護自己孩子，最低限度應遵守的規則（詳細做法將在後續說明）。只要求孩子遵守這些設為「柵欄」的規則，基本上不逼迫孩子學習其他技術，或特別加強能力。

只要在你所設定的柵欄（規則）內，孩子要怎麼成長，基本上都交由小孩自己。身為家長的你，只需從旁溫暖守候，給予肯定的反應。有時間時還能一起笑鬧、玩耍開心度過。

如此一來，孩子的心理狀態將會超乎想像的穩定。除了能改善親子關係，孩子的心也會受到耕耘，進而養成擁有高度自我肯定能力，並能活得更順利的體質。結果孩子**終將成為能依照自己的意志及力量，增進自己所需能力的人。**

這件事對於過去總是很焦慮，總想著：「『我』必須要教這個孩子如何生存！」拼命實踐「種植育兒」的人來說，也許很難直覺性的理解。

但其實其中是有奧妙的。

○孩子其實都有各自獨有的能力

說到底，人類與生俱來的「特質」各不相同。因此每個人會發展出什麼能力，又該怎麼做才能發展這些能力，都因人而異。

當然，你的孩子也是如此。若不發展適合孩子特質的能力，不選擇適合他特質的發展方式，就難以順利發展這些能力和天賦。

因此為了發展孩子的能力及天賦，身為家長的你，比起焦慮、硬是對孩子採取「種植」手段，不如**盡可能給予孩子自由，讓他發展出自己的「特質」**。如此一來，不僅能讓育兒變得更輕鬆，孩子的成長效率也會更好。此外，若讓孩子自由成長，將可能看到孩子獨有的「特徵」和「特質」。如此一來，也更容易幫助他發展能力及才華。

在放牧式育兒之下，孩子的心將不斷受到耕耘，在學習方面的「吸收力」也將提升。最後孩子將能靠自己的力量，吸收所需的知識。

孩子是一種能靠自己成長的生物

○孩子並不是靠家長「成長」的

也許有些人難以直覺性的理解不灌輸孩子知識，讓孩子自由成長的育兒方式。若你也有這些感受，請先試著去了解「孩子是一種能靠自己成長的生物」。

說到底，孩子並不是靠家長「成長」的。

而是在家長這個環境下「自我成長」的。

沒錯，沒有家長所給的食衣住行等環境及愛，孩子確實無法成長。

但這並不代表「是家長讓孩子成長的」。

若從「黏土作品」和「觀葉植物」的差別來看，應該就能理解了。

黏土作品是一個「物品」。若你沒有親自去捏，就一輩子不可能完成。也就是說黏土作品必須由你來「打造」。

但觀葉植物和黏土作品不同，是會「自己成長」的生物。

若你不給它水和肥料，它也許無法成長。但去吸收這些養分並且成長的，都是植物本身。不像捏黏土，並不能抓著植物的枝枒，用拉扯的方式讓它們成長。

孩子就像植物一樣，是會自己成長的生物。至少很明顯的與捏黏土不同。

所以就算不像捏黏土一樣，親自去塑型，孩子仍會隨著當下置身的環境，經過各種嘗試，從中學習。

○孩子是這個世界的初學者

在大人眼裡，若不去管教孩子，孩子就只會玩、做些沒用的事情。家長也許還會認為：「有時間做這些事，不如去背幾個平假名。」

不過小孩其實才剛從媽媽的肚子出來沒多久，可說是「初次體驗這個世界」的初學者。

所以**對孩子來說，在地球上遇到的所有事情幾乎都是初次體驗。**而這些體驗都將成為他們未來生存所需的感受和知識。

像是「爬上這裡之後，會是什麼樣的感受呢？」「原來是這種感覺啊！」「但原來從這種高度跳下來，會是這麼痛啊」這些事，雖然對大人來說都是些大家都知道，理所當然的知識。但對於「初次體驗這個世界」的孩子們來說，連這些小事也都是必須學習的感受與知識。

正因為經歷過，孩子未來才會懂得危機管理，知道「最好不要從這麼高的地方掉下來」。也會知道「不應該從這麼高的地方推人下來，因為會很痛」而懂得為別人著想。

也就是說不只應該學習平假名、加法等一般來說家長希望孩子學到的知識。更應該在每日玩耍、和家長交心的過程中，學習更重要的「本能」，以及生存所需的「體感」。

擴大放牧的「柵欄」範圍才是正確答案

為了讓孩子學會生存所需的感受及知識，關於「放牧系統」，原則上應該儘可能擴大圍住孩子的柵欄範圍。也就是說應該儘量減少你所設定的「不可以這麼做喔」、「必須這麼做喔」等限制和規則，儘可能拓寬孩子能自由伸展的領域。如此一來，孩子靠自己學習的機會就會增加，也更容易發展他們的天賦和特質。

○家長可透過一些巧思減少規定

當然，若完全放任孩子不管，他們可能會不自覺地做出危險的行為。也可能做出道德上不允許的行為，以及家長不希望孩子做的事，讓你生氣。

所以若不設定柵欄規範，對孩子來說也不是件好事。

不過有些事只要下點功夫，就算不對孩子設下柵欄（規則），也能防範。

例如對孩子來說的危險物品，其實只要一開始就將那些東西收到孩子摸不到的地方，就不用設下「不准碰這個！」這個規定的柵欄。（詳情將於P185說明）

透過這些作法，其實能減少許多束縛孩子的規定。且對於身為家長的你來說，也減少了很多碎唸孩子的時刻，讓育兒變得更輕鬆。

總之所謂的「放牧系統」就像「放牧」一樣。也就是將孩子放在廣闊的牧場上，讓孩子自由活動並觀察，尋找孩子的「特質」。

此時若將柵欄的範圍縮得太小，就再也稱不上是牧場，而會變得像籠子一般，和束縛孩子沒有兩樣。

○「放牧」和「野放」不同

但反過來說，當柵欄的範圍過大，則會超過「放牧」的範圍變成了「野放」，還請務必留意。

「放牧」和「野放」的不同，在於「野放育兒」是家長心中沒有柵欄的概念，也就是說沒有「看顧孩子的意識」。

當家長心中沒有柵欄的概念，實質上就等同於放著孩子不管，導致疏忽育兒的情形，反而可能造成讓孩子為所欲為，過度溺愛。

當柵欄範圍設得太廣和「野放」無異，設得太窄則形同「束縛孩子」。這麼聽起來，大家也許會搞不清到底該如何設定柵欄的規則和限制。

但其實並不需要對柵欄設定的廣度錙銖必較。

因為柵欄設定的廣度，依據孩子的年齡和狀況常常會有變化。也就是說就算再怎麼認真思考「到底該將範圍設定多大？」也不會有正確答案。

所以不如一開始就不要那麼嚴格，先設定一個不會造成家長自己壓力的大概範圍吧。

如此一來，其實反而會意外的順利。也能從執行的過程中觀察孩子的反應，找出最舒適的範圍。

設下放牧的「柵欄」吧

那麼就讓我們來決定，該將什麼規則設定為「柵欄」吧。

從結論來說，並沒有「非這個規則不可」的規定。

用來規範孩子的規則與限制，會依據孩子的個性、家庭狀況、孩子的年齡，又或是「身為家長的你，對孩子的哪些行為感到有壓力」而有所不同，因此依據情況自行決定即可。

但對於完全不知該從何設定起的人，可以先從「這點絕對要遵守，不然無法生活」這種關於「生活節奏」的規則來設定柵欄。

以「柵欄」規範生活節奏示意圖

自由自在
只要在柵欄範圍內，
做什麼都OK！
吃飯時應該…
玩遊戲應該…
做功課時應該…
零用錢應該…
點心應該…
去學校時…
在九點前…

○以「柵欄」設定「生活節奏」

關於希望孩子遵守的「生活節奏」具體內容，每個家庭應該都有各自的考量。

但只要不會造成家長壓力，基本上毫無內容限制。

接下來我將舉一個例子，請試著依照自己家庭中的生活秩序，來排列出適合自己的組合。

容易設定為「柵欄」的生活節奏

- 就寢時間
- 開始吃飯的時間點
- 去托兒所或學校
- 是否應睡午覺
- 點心的份量
- 零用錢的金額
- 該怎麼做作業
- 打電動和看電視的時間
- 此外，個人認為「會因孩子未達成，而感到煩躁」的事情

這麼說可能有些重複了，但柵欄設定得越廣越好。因此不代表這些規則都要全設定為柵欄，只要設定必要的部分即可。

將生活節奏作為「柵欄」的具體事例

1. 九點前上床。
2. 當飯菜做好時，一通知就立刻坐到飯桌上。
3. 若非因為身體不適等原因，必須在規定的時間到校。
4. 將一天可吃的零食量，限定為一個盤子的量。
5. 零用錢每個月五百日圓。
6. 在玩樂前應先做完功課。
7. 一天只能打一小時電動。
8. 換洗衣物務必放入洗衣籃。
9. 回到家後立刻整理書包。

○不將「高目標」設為柵欄，而是應將柵欄設為「能保護孩子的程度」

從更根本的角度來看，其實「放牧系統」根本不是讓孩子遵守生活節奏所使用的要件。

當然，有些孩子天生就不擅於調整生活節奏；當然也有些孩子早已弄亂生活節奏，也無法立刻回歸作息。

因此不應該只是一味地設定高目標。應先選擇將孩子有辦法遵守，且能讓你免於過大壓力的習慣設為「柵欄」。讓孩子漸漸習慣，再從中調整改變。

建議將提升學識的順位往後排

○謹記種植「學識」，會對「人格」養成帶來影響

在社會上，有許多家長非常熱衷於對自己孩子種植「學識」。但其實以大腦構造來看，若強制加諸知識，恐怕會降低孩子的「吸收力」。

當然，若像強迫勞動一樣，硬是要加諸知識給孩子，依照能力不同，某些孩子的考試分數確實可能會提高。

但代價就是這麼做會影響孩子的「人格」養成。

若不督促孩子人格方面的成長，家長的強制力一旦消失，孩子不僅無法靠自己的力量學習任何事情，其他如將所學運用在當下狀況的能力、主動學習不同領域事物的能力和慾望、同理他人的能力、讓自己情緒穩定下來的能力、遇到挫折時重新振作的能力等，都將崩毀。

反觀那些比起種植學識，心的耕耘更受到重視的孩子，「人格面的能力」會不斷成長。無論到了幾歲，當自己想學習時，都能夠在自己所期望的範圍內學習，而他們也真的能完成自己的期望。

○先好好耕耘心田，再「種植」學識

也就是說種植「學識」並不是不可以，但必須先受到家長「心的耕耘」，讓「人格面」更柔軟。等孩子自己產生了動力，才能開始著手學識的部分。

若沒有「心的耕耘」，對知識的吸收力也會很差。若即使如此，還是強制「種植」，會犧牲許多「人格面」的能力，將對未來的人生造成阻礙。

由上述可知，關於育兒，**家長用「強迫」的方式逼孩子學習，實在是CP值相當低的行為。**

認為「我明明有教我孩子，他卻完全不學習」的人，請先試著回想：「我是否有培養這孩子的自主性，讓他願意自主學習呢？」「我平時是否有耕耘孩子的心，讓他想主動學習呢？」

孩子規律的生活節奏，能讓你變溫柔

○當生活節奏調整好了，心靈層面也會跟著受到調整

我之所以會建議「種植」好「生活節奏」，是因為這與「耕耘心田」有關。

雖然「生活節奏」本身就屬於一種「種植」行為，但當媽媽和孩子都因整頓生活節奏而變得健康，孩子的心靈也會跟著變得健全，也更願意聽媽媽說的話。而媽媽本身也會因為生活節奏整頓好，而有力氣能耕耘孩子的心。當有餘裕

時，便會主動出現想耕耘孩子心靈的想法。

此外，當孩子的精神方面穩定，會讓孩子變得更可愛，也會誘發媽媽「真想好好耕耘這孩子的心（想對孩子展露笑容、想有肌膚接觸、想給予肯定的反應）」的想法。

也就是說**當孩子的「生活節奏」整頓好了，也會影響媽媽的生活節奏。藉由親子雙方精神穩定，帶來加乘效果。**

○先只種植「生活節奏」

在社會上，有許多忙於對孩子「種植」的媽媽，被日常生活中的工作追著跑，心理和時間層面都被逼到了極限。

正因被逼到了極限，更可能採取能讓孩子聽話的「種植」行為。

但如此一來，就無法奠定孩子「人格面」的基礎。當時間過去，育兒將變得越來越難。若你現在有這種感受，請先將孩子的「學識」放在一邊，試著將對孩子的「種植行為」聚焦在「生活節奏」上。

也就是說先只設定有關「生活節奏」的「柵欄」，降低對其他「種植」相關的期待。

這麼做之後，孩子的精神面就能先安定下來。

這樣你就能耕耘孩子的心了。

如此一來，孩子將比較能夠學習新事物，吸收力也會提升。更重要的是，他們也許開始能快樂的學習。

當然，有些孩子本來就比較不擅長整頓生活節奏。所以不要從一開始就想嚴格種植，先從設定目前對孩子來說，最容易遵守的生活節奏開始，再慢慢接近你理想中的生活節奏吧。

第 3 章

「放牧系統」實踐篇

維護放牧系統「柵欄」的方法

○維護柵欄時應該保持冷靜、平靜

接下來，我將解說該如何避免讓孩子越過你所設定的柵欄。

我想應該有不少人，過去希望孩子遵守某些事情時，基於「應該尊重孩子的意志」的想法，而和孩子好好商量。結果最後反而演變為對孩子言聽計從，孩子也不聽自己的話。

這樣的人在面對「不應該讓孩子跨過柵欄的狀況」時，不應該過於顧慮孩子的心情，戰戰兢兢的。而是應該從一開始就刻意擺出「帥氣媽媽」的形象，用冷靜的態度讓孩子遵守規定。（關於「帥氣的媽媽」，將在P84說明）

這麼做之後，其實孩子會比想像中更輕易放棄，轉為服從的態度。

之所以會如此，是因為當你堅持冷靜、肯定的態度，孩子也會漸漸理解到「這樣鬧脾氣好像沒用」，進而乾脆地放棄，自然而的順從。

○當一切成為「理所當然」，就會開始機械式動作

若你覺得有點難懂，請試著這麼想。

在讀者之中，應該有人在公司中工作吧。

若你是如此，請試著這麼想像。正因為你每天都將「自己本來就要去公司工

作」視為理所當然，所以不會有太大的抵抗，每天早上都能自然地去通勤上班。

但若是這樣呢？

若每天早上，你都能選擇要出勤或缺勤，你還會像現在一樣，什麼也不想就平靜地去上班嗎？

若真的可以選擇，你應該每天早上都會去想到底要去還是不要去，很難像現在一樣機械式地去上班。

最後大概每天早上都會湧現「我不想去上班」的心情吧。

對孩子來說也是如此。

當想將一件孩子不想做的事變成孩子的習慣時，比起帶著情緒一直碎唸，不如反其道而行，散發出「帥氣媽媽」的冷靜氣場，說：「這件事本來就應該做。」表現出不容質疑的冷淡感，孩子反而比較容易乾脆地放棄、順從。

關於「冷靜堅持」的具體方法，我將在P194說明。

若孩子多次跳脫柵欄，不如暫時擴大柵欄範圍吧

無論如何都關不住孩子時

就如前面所述，原則是要讓孩子遵守訂好的「柵欄（規則）」。

不是每次都碎碎唸，而是改成理所當然、冷靜、直接了當地說，孩子往往不會感到太大的壓力，且也會順從。

然而，所謂的「柵欄」其實不過是家長自己所訂定的。因此在實際執行時，

仍可能因孩子的年齡和個性等原因，導致孩子不受柵欄規範，多次跨越。

即便如此，必須遵守的規則仍應堅守。但若「仔細想想，把這個柵欄放寬好像也不會造成太大的影響」，且不調整可能會造成親子關係變差，讓孩子的心田乾枯、硬化，不如直接降低期待值，放寬範圍柵欄吧。

若乾脆地放棄，放寬柵欄範圍，讓孩子能更冷靜且也能讓你對孩子的心耕耘，使孩子的心神變得更穩定，那跨越圍欄其實也無妨。

○靠近孩子，找到彼此的妥協點

例如你完全無法忍受回家時看到亂糟糟的房間，因此對孩子設下「我下班回家前要把房間收乾淨！」的規則，並將此作為放牧系統中的「柵欄」。

這是一個能藉由此舉，讓你在回家後不用煩躁，繼續耕耘孩子心靈的作戰。

但當無論說幾次孩子都不遵守時，會讓你每天回家後都對他怒吼對吧。

若是如此，應該先試著去想：「以他的年紀來說，要他自主收拾也許還是有點困難」。

如此一來，也許你會想將規則改為每天下班回家前，打電話給孩子說：「我現在要回去了，趕快收拾吧」也說不定。

這麼做之後，也許某些孩子開始會在接到媽媽電話後開始收拾。

但也有可能在這麼嘗試後，回到家後還是發現孩子沒收拾，還是每天都會發出：「為什麼我都打電話提醒你了，你還不收拾！」的怒吼也有可能。

若這種狀況持續，又會降低期望的認為：「也許我不在他面前，他就不會收拾」。放棄原本「要他在回家前收拾」的規則，將規則轉變為你回家後立刻告訴孩子：「好，現在開始收拾吧」。

如此一來，說不定就會讓孩子養成當你在他面前時，會自然而然開始收拾東西的能力。

○若是能輕易跨越的「柵欄」，不如不設定

這麼做和你原本所期望的「希望回到家時，房間已經被收拾乾淨」比起來，標準降低了非常多。也許你會有「為什麼我得退讓這麼多！」「明明只要他們把房間收好就沒事了」的心境，而我也非常能理解這種心情。

但這種時候，請試著這麼想。

「這個堅持，是值得每天破壞家庭氣氛也要遵守的嗎？」

說到底，由於孩子的大腦根本還沒發展完全，因此無法有秩序且有邏輯地做出行動。

且比起家長的「種植」，「心的耕耘」其實更能讓他們達到有秩序的行為。

也就是說，對於那些還不會整理房間的孩子來說，能透過家長後續對心的耕耘，使他們的心變得柔軟，心理狀態方面更加穩定，最終成為會主動想整理房間且精神穩定的人。

但若每天都對孩子怒罵「你根本沒收嘛！」孩子的心也會因為受到怒罵，而每天都變得更加乾枯，並越來越僵硬。

當心變得乾枯、僵硬，將永遠無法讓這孩子擁有願意自己去收房間的穩定心理狀態。

若結果變成這樣呢？你一開始到底又是為了什麼而對孩子怒吼的呢？因為你怒吼「快點收拾！」這件事，就是造就無法收拾的孩子的原因。

所以這種時候，為了讓自己心情好一點，先試著降低對孩子的期待吧。與其說是為了孩子好，其實這麼做更是為了自己。

因為若你的心情好，就會自主性的想耕耘孩子的心。當孩子的心受到耕耘，也許某一天，孩子將能回應你的感受。

為此，就與「不斷因孩子明顯辦不到的事而生氣的自己」乾脆地告別吧。反正既然這柵欄關不住人，不如就先別放了。反而能維持「規矩沒被打破的母親」的立場。

其實這麼做，不是要你對一切忍耐。而是將期望值降到「有做到這樣就可以了」的範圍，拓寬柵欄。先貫徹耕耘心田的角色，讓孩子願意聽你說的話。

比起讓孩子的心乾枯，這麼做無論是對自己，還是對孩子，都更充滿希望。

而關於對孩子「下功夫的方法」、「放棄的方法」，會在P185詳細說明。

藉由「放牧系統」消除對孩子的罪惡感

「放牧系統」原本就是一套為不善育兒的家長而生的育兒方法。因此接下來，我將針對一直覺得育兒很困難的人，說明如何運用「放牧系統」。

請務必參考運用這套育兒方法時的訣竅，以及這套方法所會帶來的效果。

○給對孩子過於嚴格的家長

我想應該不少家長仍忍不住會感到生氣，並嚴厲對待孩子。

這種人請試著用「放牧系統」，試著如下述內容整理思緒。

現在的你應該認為「我『對孩子』很嚴格」。但從今天起，請試著將想法從「對『孩子』嚴格」轉為「對『柵欄』的規範嚴格」。

此外，請將你對孩子的嚴格，如前面所說全部以「柵欄（規則）」的形式一條一條寫下來。相反的，若非柵欄所規範的事情，就降低對孩子成長的期待值。試著去想「船到橋頭自然直」，轉換心情吧。

除了信任孩子，相信「這孩子一定能靠自己的能力成長」之外，對於設定為柵欄的規則，請堅持嚴守。

如此一來，你在自己心中只是個「對柵欄嚴謹的媽媽」，面對孩子時則仍能當一個「溫柔的媽媽」。

也就是「對柵欄嚴謹，對孩子溫柔」，明確劃分自己的想法。如此一來也比較容易管理自己的情緒。

透過這麼做，你對孩子的罪惡感也將會消失。

○當事情不順利時不是誰的錯，問題是出在「柵欄」上

若後續對於未設定柵欄的事而對孩子感到生氣，與其硬是吞忍這份憤怒，不如試著這麼想。

「會造成這個局面並不是孩子或我的問題。問題可能出在我設定的柵欄種類或位置、廣度錯了。」

就像這樣，試著養成習慣，從下次生氣時開始，試著把憤怒的矛頭轉向「柵欄」。如此一來，你就大概能理出自己憤怒的原因。最終生氣的次數將會減少，也會更容易耕耘孩子的心。

這個方法的好處，在於孩子將能理解「做什麼事情會讓媽媽生氣」。對過去不知道做什麼事會惹媽媽生氣的孩子來說，當你將自己的憤怒，以「柵欄」的形式歸類、做一定程度的整理，就像幫孩子整理成「我會對這件事感到生氣喔」、「但對於其他事其實不太會生氣」這種更好理解的形式。因此孩子也比較容易了解自己「不應該做什麼」。

給所有認為「我沒有育兒天份」的人

家長應該對孩子做的兩件事

認為自己沒有「育兒天份」的人，請先試著將大家普遍說的「家長應該對孩子做的事」，分為以下兩件事思考。

家長應該對孩子做的事

①告訴他不可以做什麼事
②發展孩子的能力及才華

你身為家長的責任，只有①告訴他不可以做什麼事。至於②發展孩子的能力及才華，則應採取「交由孩子的天賦發展」，自己則扮演「加油」的角色。如此一來，你並不需要有育兒天份，就能把孩子養育成一個健全的人。

而且說到底，關於①告訴他不可以做什麼事，如不可以對人施以暴力、不能突然跑到車子前面等等，即使是沒有「育兒天份」的人，只要是一個大人，其實都有辦法做到。

所以即便是沒有育兒天份的人，也能好好教導孩子，並讓孩子遵守規定，也不會出現判斷錯誤。此時觀察力較強的人也許已經懂了，這裡說的①告訴他不可以做什麼事，其實也就是「放牧系統」中的「柵欄」。

因此只要用最低限度的標準去守護著孩子，並採取「孩子要怎麼長大，擁有甚麼未來，就交給孩子自己決定」的作法，孩子將從你的態度中，感受到「媽媽對自己孩子的信任」。也就是說受到這樣對待的孩子，會深切感受到「爸媽很信任我！」「這表示我是個值得受到信賴的人」。

如此一來，這種「信任」的態度，將成為對孩子「心的耕耘」。那個孩子不僅會感受到被媽媽保護的安心感，也會擁有想創造自己未來的自主性。

這種**「來自家長的信任」對「心的耕耘」的效果非常之大。**是家長對孩子的「心的耕耘」中，最有效果的方法之一。

◎對自認「沒有育兒天份」的人來說的大好機會

育兒的「主體」是家長？還是孩子？

父母想靠著
自己的天份育兒時
變成
「種植」育兒
缺乏對人生
的自主性，
成為缺乏
朝氣的孩子
將育兒交給孩子
自我成長的力量
變成
「耕耘」育兒
對人生
有自主性，
成為能構築
未來的孩子

說來也有點諷刺。當母親對孩子抱有過於具體的期待、強加期望在孩子身上，希望孩子「變成這樣的人」、「能做到這樣的事」，這種態度反而會讓孩子接收到「我不相信你。所以照著我說的做就對了」的訊息。這種態度終將使孩子難以擁有自主性，也可能導致他成為缺乏朝氣的孩子。

若沒處理好，還可能讓心變得乾枯，硬梆梆的。所以關於這一點，我認為對那些覺得自己「沒有育兒天份」的家長來說，這其實是一個機會。

正因為自認沒有育兒天份，所以更應該將孩子成長和開發能力的工作，交給「孩子的自我成長能力」。而且只要你每天努力耕耘孩子的心，就能將孩子的自我成長能力發揮到最大值。

此時只要負起責任，告訴孩子不應該做什麼事（設定柵欄）並教孩子遵守，你就能完全不使用自己的育兒天賦，卻比周遭許多「想靠自己天賦育兒的媽媽們」得到更好的成效了。

每個人都有屬於自己的天賦，也有自己不擅長的事情。所以不用總想著「我明明應該要會的！」對自己沒有的天賦耿耿於懷，哀聲嘆氣。

若沒有天賦，也可以用沒天賦的方式努力，接近自己想要的結果。因為人類本來就是這樣活著的。

給所有不認為自己孩子可愛的人

我覺得在這個世界中，不認為自己孩子可愛的家長其實比想像中的還要多上許多。很多有多個孩子的家長，也會覺得：「雖然我覺得次子很可愛，但卻不覺得長子可愛」，對孩子有不同的感受。

而我認為這是一件很自然的事。因為雖說是親子關係，但只要是人類，勢必會有契合度的差異。

○放下「我必須教好孩子！」的想法

不認為自己孩子可愛的人，會因沒自信自己是否能給孩子愛的罪惡感，以及擔心是否會因此而無法好好教育孩子，而為責任感所苦。許多人也因此更容易對孩子感到煩躁。

對於這樣的人，請先暫時把「教育」孩子的概念拋開吧。

就算你不特別教育，只要設定「柵欄」，再用第四章中介紹的方式，以「帥氣媽媽」的方法對待孩子，孩子就會靠「孩子自己的力量」長大。

就像前面所述，孩子是「能自我成長的生物」。所以只要不妨礙孩子的自我成長，再加上「耕耘」，就能成為一種「支援」。

暫時把「我必須教育他」的壓力放下，試著每天做出疼愛孩子的「動作」

不是用「心」，而是用「動作」對孩子表達愛

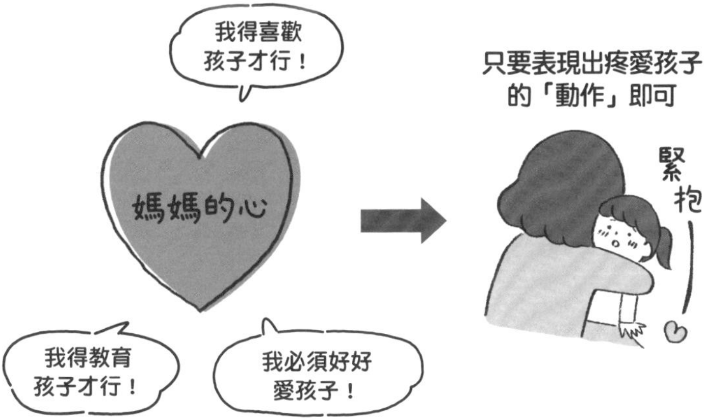
我得喜歡
孩子才行！
媽媽的心
我得教育
孩子才行！
我必須好好
愛孩子！
只要表現出疼愛孩子
的「動作」即可
緊抱

吧。這裡說的並不是「疼愛孩子的心」喔，**重要的是「疼愛的動作」**。

這裡說的並不是「好好疼愛孩子吧」的「心情」喔。

重要的是你「疼愛」的「動作」。

孩子看不到你的內心，能看到的只有動作，所以會依照動作去推測你的內心。就算你真的不覺得孩子可愛，只要做出疼愛孩子的「動作」，就等於你有好好愛這個孩子，而孩子的心也會因此受到耕耘。

○你疼愛孩子的「動作」，也將耕耘孩子的心

只要你開始讀這本書，就毫無疑問的代表你認為孩子「很重要」。所以首先，你應該做的不是等待自己愛孩子的「心境」出現，而是應該以你「認為孩子很重要」的心情為出發點，試著做出耕耘孩子的心的「動作」。這樣就足夠了。

在第四章中，將具體介紹「疼愛孩子的動作」，因此不認為自己的孩子可愛的人，可以先將這種感受放在一旁，試著做做看第4章所列舉出的各種動作（請參考P108）。

只要照做這些動作，孩子的行為必定會有變化。如此一來，你對孩子的感受，一定也會漸漸改變。

第4章

成為「帥氣媽媽」～【方法1】氛圍很重要～

「帥氣媽媽」策略能改善親子關係

第3章中，已經說明過育兒的「架構」了。

也就是孩子能透過「放牧」成長。

在第4章中，我將說明「身為母親的妳，在這個架構之下，具體來說應該怎麼做。」

用一句話說明，就是「表現得像個帥氣媽媽」的策略。

關於具體的行動，我將在P101的【方法1】之後說明。但首先，我想先介紹「什麼是帥氣的媽媽？」和「成為帥氣媽媽的三個原則」。

○只要做出帥氣媽媽的行為，就能解決育兒問題

無論原因為何，只要有「身為媽媽，不知道該怎麼和小孩相處」煩惱的人，請先試著「成為帥氣的媽媽吧！」如此一來，你所擁有的親子問題，大多數都會一一改善。

這裡所說的「帥氣媽媽」，並不是說你一定要表現得像一般社會中所定義的「帥氣」媽媽一樣。

應該說無論社會怎麼想，只要能讓自己的孩子認為「我媽媽好帥」就行了。而為了能接收到孩子這樣的評價，妳應該試著改變自己的作為和態度。

如此一來，就算不拼命對孩子「種植」，孩子也會自主變成最適合自己特

性、最好的樣貌。而妳應該做的事，就只有替孩子「加油」而已。

○「帥氣媽媽」的魅力

大家之所以會喜歡「帥氣媽媽」的形象，是因為「帥氣媽媽」與其他形容詞有種截然不同的魅力。

為了讓大家更容易理解，就讓我拿其他種類媽媽的形象來對比吧。

例如若妳想成為孩子眼中的「可愛媽媽」時，會發生什麼事呢。

此時在孩子眼裡，妳不會有可靠的形象。要是一個沒處理好，說不定還會讓親子之間的立場翻轉。

那若想營造「漂亮媽媽」的形象時呢？

媽媽的自我認知以「帥氣」尤佳 ✓

當一個強悍的媽媽吧！

我就說了！
喔……
壓——迫

因壓迫感而枯萎

當一個溫柔的媽媽吧！

連媽媽的份也吃了吧～
耶！

變得軟弱無法託付

當一個帥氣的媽媽吧！

有什麼煩惱就盡管告訴媽媽吧！
俐落

堅強與溫柔處於平衡狀態。重要的不是社會上的評價，而是被自己的孩子認為「帥氣」。

當一個值得尊敬的媽媽吧！

I speak English!
好厲害～

難以建立信任關係

當一個態度堅決的媽媽吧！

安靜
喔…好…

冷漠、難以親近

此時在孩子眼裡，可能會認為妳更在意自己的外表，進而產生距離感。
「強悍的媽媽」，可能會讓孩子害怕、退縮。
「溫柔的媽媽」，可能會過於軟弱，無法依靠。
「值得尊敬的媽媽」，可能會太有隔閡。
「態度堅決的媽媽」，可能會過於冷漠。

那「帥氣的媽媽」又如何呢？
媽媽本身表現給孩子的形象，不偏向特定一種媽媽的形象，在強悍和溫柔之間取得平衡。且在孩子看來，也是令人憧憬的形象。會有種「自己也想成為這樣的人」的感覺。
如此一來，孩子對媽媽的認知也會改變。你現在有的育兒問題，將變得更容易解決。

且光是朝向帥氣媽媽這個目標前進，也會讓妳提振士氣，感到驕傲。

當然，就算孩子將你視為帥氣媽媽，你卻不關心孩子的話則一切毫無意義。但既然你已經拿起這本書，想必不會有這個問題。因此你只需要去注意孩子看媽媽的眼光就好，試著當一個帥氣媽媽吧。

○帥氣媽媽的三個原則

為了成為能耕耘孩子心靈的「帥氣媽媽」，該怎麼做才好呢？

請試著多留意接下來提到的三個原則。只要在孩子面前時多注意這些原則，每個人都能成為自己孩子眼中的「帥氣媽媽」。也能花最少的力氣，開心耕耘孩子的心。

〈帥氣媽媽的三個原則〉

①不扭轉親子的「立場」

②比起愛的「深度」，愛的「穩定度」更重要

③降低對孩子加諸「期待」

接下來就讓我們從①開始依序確認吧。

①不扭轉親子的「立場」

這件事可說是理所當然。若希望成為孩子心中的「帥氣媽媽」，務必留意不能讓親子之間的立場反轉。當然，若只是平時偶爾被孩子捉弄、互相開玩笑時，暫時轉換立場當然沒關係。這樣反而也能當個有趣的媽媽，更容易耕耘孩子的心。

媽媽的威嚴能耕耘孩子的心

其實被孩子認定地位比自己低的家長，是無法耕耘孩子的心的。

之所以會這麼說，是因為當孩子認為家長地位比自己低時，將不會把家長的溫柔看作「愛」，只會認定家長對自己「言聽計從」。

此時孩子只會覺得要「讓媽媽更聽自己的話」，即便媽媽再怎麼努力灌注「愛」，也只會加深「言聽計從的媽媽」的形象，無法耕耘孩子的心。

對孩子來說，唯有被他們認為比自己強大的家長溫柔對待，他們才會將這種溫柔視為「愛」。因為如此「強大的存在」，明明不需要對自己特別好，但卻仍對弱小的自己持續展現不變的愛。對媽媽這樣的形象，孩子既認為帥氣，也對於自己是接收到愛的人而感到放心，使心受到耕耘。

所以媽媽不應該只是溫柔，偶爾也要表現出不害怕被孩子討厭的威嚴。

②比起愛的「深度」，愛的「穩定度」更重要

這是當自己未受到家長健全養育的人，在擁有孩子，成為母親時，容易陷入的陷阱。

那就是因「不希望這孩子像我一樣，有這麼可憐的際遇」這種強烈的想法，而努力想給孩子非常「深」的愛。

最後反而讓自己很疲憊，進而將這股疲憊衍生出的壓力爆發在孩子身上。

我懂媽媽想要努力的心情。但對孩子的成長來說，最不樂見這種不穩定的愛。這樣會讓孩子一直感到惴惴不安，不知道這麼深的愛何時會結束。

○「穩定的愛」讓孩子感到放心

比起「很深的愛」，最理想的狀況反而是「穩定的愛」。

之所以會這麼說，是因為比起時深時淺、不穩定的愛，這種深度剛好的穩定的愛，從孩子的角度來看，是一種對自己「無條件的愛」。

當然這樣穩定的媽媽，看起來也更有帥氣媽媽的樣子。

○維持穩定的愛很重要

為了讓孩子能耕耘自己的心，家長最應該給予的就是「安心感」。正因為待在媽媽身旁，總是能感受到「自己屬於這裡」，孩子才會感到安心，心也才會開始受到耕耘。

但若媽媽依據「當下的心情」，時而給予很深的愛，或相反的，時而因孩子不明白的原因突然生氣，則會讓孩子必須顧慮媽媽的心情。那種不知道做什麼事會讓媽媽心情不好的不安及慢性緊張，會讓孩子的心田乾枯。

正因如此，在育兒時，最重要的就是媽媽不應逞強。

比起「必須給孩子很深的愛！」不如對孩子表現出「我的愛永遠不會變」的

比起「深度」，愛的「穩定度」更重要

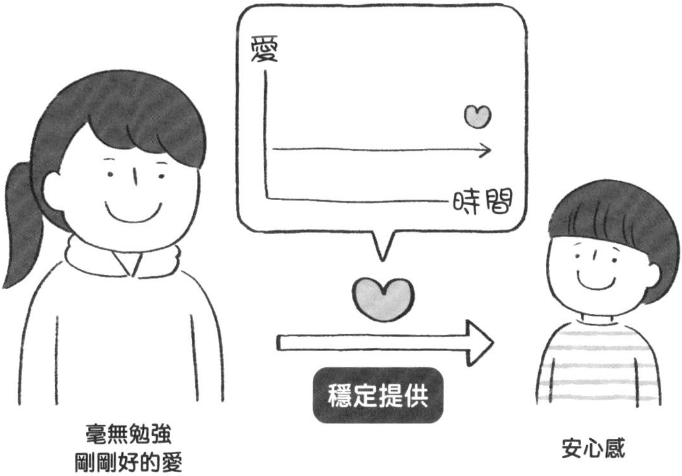

態度。即使沒有很深也無妨，試著用自己能維持的程度，去表現「穩定的愛」吧。

接著只要不勉強自己，愉快地與孩子互動，孩子定會覺得妳是「帥氣媽媽」。而且只要如此，孩子的心就會受到耕耘。

只要試著去做就會明白，就算不對孩子做什麼特別的事，只是不斷表現「帥氣媽媽」的穩定感，你就會看見孩子的心受到耕耘，超乎預期。

③降低對孩子加諸「期待」

許多家長會「希望孩子能進這間學校」、「希望孩子能做這樣的工作」，對孩子加諸各式各樣的期待。

會這麼想的人，往往會在無意識間斷定「能進好大學的孩子，也能自動養成『活得比較順利的人格』」。

然而**「提升學識」和「人格養成」，其實完全是兩碼子事。**

為育兒所苦的各位，請稍微冷靜想想。

你到底希望看到孩子擁有「什麼」呢？

是孩子的「學識」呢？還是孩子「活躍的人生」呢？

正如前面所述，每個孩子都有自己「不同的特質」。所有孩子都能發展自己與生俱來的「特質」。至於和自己特質不符的能力，再怎麼努力，都很難發揮。

而媽媽不是孩子本人，因此無法正確掌握孩子的特質。

因此，若身為家長的你搞錯了，對與孩子特質不符的事情抱有「期待」，並強制種植在孩子身上，將導致孩子的心田因錯誤的期待而乾枯，再也無法培養其他能力。

若會如此，你對孩子抱有期待又是為了什麼呢？

與其這樣，不如儘可能降低你個人的「期待」，當一個支持孩子做想做的事的「帥氣媽媽」，好好耕耘孩子的心吧。

這麼一來，孩子一定會更仰慕你。你帶給孩子的影響力終將持續增加。

○關心孩子的興趣

之所以能透過降低對孩子的期待，讓孩子的心受到耕耘，原因很簡單。那是因為當降低對孩子的期待，會讓你反過來想「那這個孩子的特質是什麼呢？」「是這個嗎？還是那個呢？」開始「關心」孩子的興趣。

這是因為你放下了「你必須變成這樣！」這種家長自私的期待，所以孩子自然會從自己的心中，去找自己未來應該走的路。應該說也只能這麼做，因為你已放下了自己的期待。

這麼做之後，孩子身邊會出現一個有趣的現象。

降低加諸在孩子身上的「期待」

你那些「對孩子的心感興趣的態度」、「關心孩子興趣的態度」，將會耕耘孩子的心。

孩子會認為：「媽媽對最真實的我很有興趣！」並開心不已。

如此一來，孩子的心田會因你的耕耘，變得柔軟又豐饒。在符合孩子特質的範圍內發揮到極致，培育各式各樣的植物。

而這就是所謂的「抄捷徑不如繞遠路」吧。

若你覺得自己現在想種植在孩子身上的能力，似乎沒有好好扎根，不如先試著回想：「是否是因為我對孩子抱持的期待不符合孩子的特質（或年齡），讓他的心乾枯了，所以他才無法養成任何能力呢？」。

從今天起，盡量不要對孩子抱有「具體的期待」。只是對他深深抱著：「無論如何，我只希望他活得充滿朝氣」的期待就好。接下來，就只要專注在耕耘孩子的心，然後對孩子所顯現出的「特質」也不要著急，採取「支持」的態度，孩子就能靠著最符合自己特質的能力，成長為大人。

當了解以上的「帥氣媽媽三原則」後，接下來我將介紹「帥氣媽媽的具體行動」。對孩子的成長切勿過度緊張，開心的與孩子相處吧。

「帥氣媽媽」實踐篇
【方法1】氛圍很重要

○理想中的育兒，只是紙上談兵

接下來，終於要開始說明「耕耘孩子的心」的具體作法了。

和媽媽用自己所擁有的知識，和將自己期望的行為強加於孩子身上的「種植」行為不同，孩子「心的耕耘」是**「家長對孩子的表現，給予肯定的回應」**。

所以若想採取「耕耘育兒」，應該在日常生活中製造和孩子對話的時光、配合孩子一起在公園玩耍、唸書給孩子聽等等，多和孩子交流。

像這樣和孩子緊密交流，也會讓孩子的心受到耕耘。

若你有時間和心力，非常建議你應該這麼做。許多育兒方法中，也有提到這些事是非常好的事。

○「必須這麼做」的想法將媽媽逼到絕境，讓孩子的心田乾枯

但這個做法，其實有著很大的陷阱。

那就是對沒有餘裕的媽媽來說，這些行為本身會造成媽媽的壓力，甚至可能導致媽媽想虐待孩子。

這世界上有許多育兒方法，都忽略了這一點。

舉例來說，唸書給孩子聽這件事確實能耕耘孩子的心。

努力的媽媽容易陷入的「不幸循環」

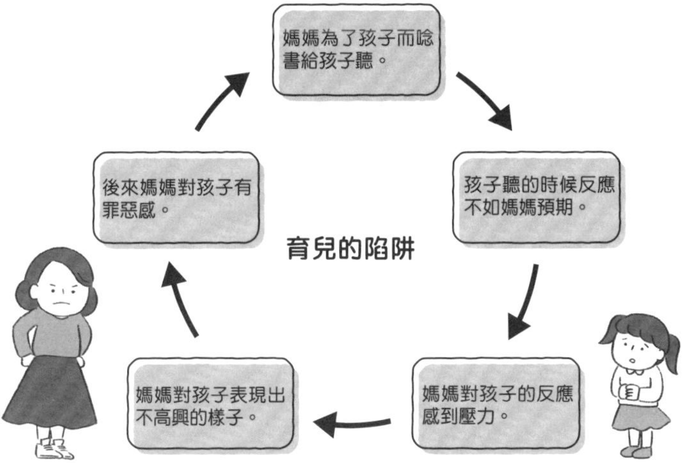
媽媽為了孩子而唸書給孩子聽。
孩子聽的時候反應不如媽媽預期。
媽媽對孩子的反應感到壓力。
媽媽對孩子表現出不高興的樣子。
後來媽媽對孩子有罪惡感。
育兒的陷阱

但孩子這種生物，往往會滿不在乎地說出毫不留情的話。

像是不喜歡媽媽特地挑的書，或是唸給孩子聽時不認真聽，不唸之後又吵著要你繼續念，開始繼續唸後又開始跑來跑去。

當媽媽闔上書本，說：「若不安靜聽就不唸了」後，孩子又叫媽媽不要闔上書本。

若媽媽能持續忍耐孩子的這種反應，繼續唸書給孩子聽的話，孩子的心確實會受到耕耘。

但若媽媽因此承受壓力，最後大吼：「我特地唸給你聽你還這樣！」「我再也不要唸給你聽了！」又或是唸故事的壓力導致對孩子產生厭惡感，並延續到隔天，讓不高興的態度持續下去，最終將導致唸書給孩子聽的行為讓媽媽越來越討厭孩子。

最後除了媽媽的心之外，孩子的心也會跟著乾枯。

但這社會就喜歡家長和孩子深入交流的模樣，並且只關注在這點，導致許多忙碌的媽媽拼命地投入「育兒的陷阱」。並因此更加忙碌、生氣，讓媽媽和孩子都陷入不幸的循環。

零壓力的孩子心靈耕耘法

關於「耕耘育兒」，這裡想個別介紹一個除了花時間之外，也能耕耘孩子心靈的方法，給不善於面對孩子，以及沒時間和孩子交流的媽媽

在時間和心靈上不夠充裕的人請務必試試。

○不用製造特別的時光

首先，先讓我來介紹一下這是一個怎樣的方法。

一般而言，提到「耕耘孩子的心」，大家應該會想到面對孩子，和孩子一起度過一段高品質的時光。例如「一天找一小時陪孩子玩」、「花時間哄睡孩子」這種想法。

但如前面所說，無論在時間方面，還是心情方面，對現在的家庭來說，要做到這點其實非常困難。

所以不善育兒的人，先別試圖去打造與孩子之間的特別時光，或去想那些會讓自己壓力很大的親子深度對談。而是應該將孩子和自己在家的時間，全部變成「更有趣的時光」。

說得更白一點，比起和孩子個別相處遊玩，**應該試著在做家事時，塑造一個「一直和孩子心連心的印象」。**

這麼做你就可以不用動腦筋，既不會感到疲累，還能認真面對孩子，讓孩子的心受到耕耘。

○為達到「耕耘育兒」，而創造「模式」

接下來我將詳細說明「耕耘育兒」的具體作法。但簡單來說，這方法就是事先準備好能輕鬆耕耘孩子心靈的行為、幾句激勵人的台詞，以及互動的模式。平常孩子在家的時候，只要隨興地使用這些話語和行為即可。

如此一來，非常令人不可思議的，當一天結束後，母親和孩子都會感到「這一天兩人的互動非常多」，當然也能耕耘孩子的心。

而這就是**「耕耘育兒」中的「三秒溝通」**。

也就是不要有任何教育的目的，也不抱有任何期待。試著純粹為了「創造開心的家庭氛圍！」與孩子相處。

讓孩子心靈持續受到耕耘的「三秒溝通」

那就讓我立刻來說明「三秒溝通」的全貌吧。

做法

・在日常生活中，大量運用三秒內能完成的親子互動。

・若超過三秒以上，會開始讓媽媽產生壓力，因此原則要在三秒內結束。

目的

・向孩子傳送「我一直都很關心你喔」的訊號。
・讓孩子知道，自己對孩子的心永遠是敞開的。
・若無法有太深的互動，就盡可能讓孩子看到心情好的媽媽。

基本規則

①一邊做家事一邊執行，不中斷家事。
②不動太多腦，不用說太有深度的話。
③一定要是對孩子「肯定」、「「友好」的舉動。
避免否定、說教的發言。也不要說出會帶給孩子壓力的話。單純重視氣氛和開心。比起扮演「媽媽」的角色，請試著表現出「幼稚園老師」的感覺。
④有超過一個孩子時，請個別執行。

具體的行動

①眼神交流（和孩子對到眼時的動作）

・微笑

・揮手

・做怪表情 等等

②肢體接觸（在孩子經過身旁，或經過孩子附近時的行為）

・將手放在頭上

・將手放在肩膀上

・偶爾開玩笑捏鼻子 等等

③和孩子搭話

・順勢和孩子搭話，稍微聊一下後立刻回去做家事。

由於只是一邊做家事同時做這些動作，因此即使立刻結束這些動作，孩子也不會感到失望。當孩子六歲之後，你的開玩笑技巧變好，孩子會比較容易覺得有趣，耕耘的效果也會提升。這些行動，全都會依據孩子的年齡而有所不同。

適用年齡

從四歲開始實行，在五歲左右會有不錯的反應，在十二歲前都有效。

優點

・就像在傾聽或聽故事，不會每次都耗費龐大的能量。
・媽媽執行後也會充滿精神（只要簡單的動作就能讓孩子變得開朗，不用很累就會獲得自己做了好事的感受，讓心情變好）。
・能讓孩子感受到媽媽時常敞開心胸的感覺。

以上就是「三秒溝通」的全貌。下一頁開始，我將說明具體的做法。

「三秒溝通」初級篇

在初級篇中，我要介紹的，是比對孩子搭話還更簡單的眼神交流、肢體接觸「三秒溝通」法。就連從未注意過對話氛圍的人也能輕易做到。

在實踐時，可以試著去想每當實踐這些行為，就能給孩子的心田一些養分。

○實踐① 眼神交流

・和孩子對到眼時，嘴角輕輕露出微笑。

實踐① 眼神交流

和孩子對到眼時微笑

當向孩子詢問問題，
得到回覆時就比出
「讚！」的手勢

・當向孩子詢問問題，得到回覆時就比出「讚！」的手勢。（可以輕鬆向孩子傳達「媽媽心情很好」的訊息，因此非常推薦！雖然簡單，但這是一個心情不好的人絕對不會做的手勢）

○實踐② 肢體接觸

・養成當孩子做得好的時候，和孩子擊掌的習慣。（很推薦養成擊掌的習慣，當作自然的肢體接觸）

・靜靜地迅速給孩子一個擁抱。（年

紀較小的孩子鬧脾氣時，若「不經意地」靜靜給予擁抱，往往能瞬間療癒孩子）

・在家中經過孩子身旁時，可以不出聲，自然地將手放在孩子的肩膀或頭上。輕捏頸部後方或鼻子。

・搓揉孩子的頭。

・用不會痛的力道輕拍孩子的頭。

・站在孩子身後時，什麼也不說，用雙手把孩子的頭髮梳起來。

無論是哪一個動作，重點都是要用冷靜、酷酷的動作，自然地執行。然後不要駐足，就像什麼事也沒發生過一樣的經過吧。

這些作法，重點都在於要「稀鬆平常地做」、「表情不變瞬間做完」。要將不經意地做，把這件事當作自己的習慣一樣。

一旦非常拼命、費盡心思去執行，就會越來越覺得麻煩，請務必小心。

接下來也將介紹運用言語的「心靈耕耘方式」。不過前面介紹的不經意地眼

實踐② 肢體接觸

習慣擊掌

默默擁抱

經過時摸摸頭

搓揉孩子的頭髮

輕輕拍頭

將頭髮往上梳

神交流、增加肢體接觸的方法都相當實用，且能得到意想不到的心靈耕耘效果。

因此對「不擅於運用言語」、「沒太多精力」的人來說，一開始可以先不要使用目前所介紹的說話方式，而是能在日常生活中，多多使用可以瞬間完成的不經意舉動。透過這個做法，孩子的心會受到耕耘，感受到愛，也會與你心連心，進而變得更容易對話。

○實踐③ 和孩子說話

・當孩子在桌上畫畫時，對孩子說：「你在畫什麼啊？」「這是幼稚園的朋友嗎」「畫得很好耶」等等，然後立刻繼續做家事。

・要去用洗衣機時，在獨自做某些事情的孩子面前停下，一面偷笑一面問孩子「還順利嗎？」若孩子回答：「順利」，就回：「太好了」並回去做家事。

實踐③ 和孩子說話

對孩子在做的事做出簡短評論

問正專注中的孩子「順利嗎？」

請試著將這種不經意、不用動腦就能達到的搭話行為，運用在日常生活中。甚至可以試著模式化，讓自己習慣。如此一來當遇到特定場景時，就自動使用許多說法。

・將平常簡單的話語儘量轉換成「假裝驚訝」的口吻（例如「太強了吧！」「真的假的啦」「太扯了」「什麼？？」等等）

用於表現驚訝的詞彙（感嘆詞）沒有設限。總之只要將過去和孩子對話中使用過的話，儘可能轉換為對自己來說較好表達又簡短敘述方式，並試著增加使用的機會就可以了。

如此一來，非常不可思議的，光是這麼做就能讓整個場面變得活潑許多。無論是對你還是對孩子來說，都會有一種兩人的心緊緊相連的感受。

在這麼做之後，就能提升自動耕耘孩子內心的效果，創造愉快氛圍。

用簡單的「驚訝的詞彙」

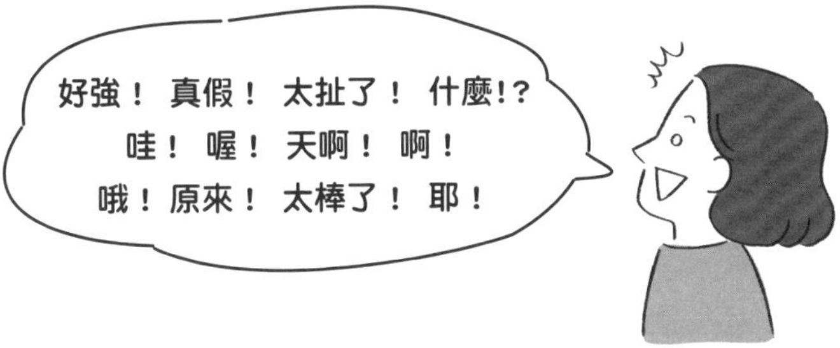
好強！ 真假！ 太扯了！ 什麼!?
哇！ 喔！ 天啊！ 啊！
哦！ 原來！ 太棒了！ 耶！

除了以上的感嘆詞，也可以選擇自己比較容易說出口的詞彙！
透過將這些簡短的表達用在與孩子的相處上，將能製造歡快的氛圍。

當然，若用興奮的語調說這些話，孩子會很開心，心的耕耘效果也會比較高。但對於過去不曾用這種態度面對孩子的媽媽來說，若是突然改用興奮的語調對孩子說話，也許反而會讓孩子有些退縮。

所以若是不習慣用這種氛圍說話的人，可以先不用提升說話的語調，維持過去的表情和口吻即可。

但請試著儘量將你所選的詞彙（表現方式）轉換為「驚訝（感嘆詞）」的形式來表達。

如此一來，不僅孩子和自己會越來越習慣這個形式，也會自然而然變成更熱情的氛圍，順利切換。

○初級篇中，可在日常生活中增加的四個行為

前面已經舉了幾個代表性的例子。但在初級篇中，希望大家能在自己的日常生活中，增加以下四個行動。

- **笑容**
- **肌膚接觸**
- **眼神交流**
- **熱情的反應**

無論這四個之中的哪一個都好，只要面對孩子時，其中一個行為的次數增加，就算是通過初級篇了。

不需要想得太難，也不需要停下做家事的腳步。只要在對孩子互動時，增加這四個的其中一項，試著自然地行動吧。

雖然你可能會覺得「這種事真的有用嗎」，但從孩子看來，僅僅是這樣的動作就能完全改變你的形象，耕耘心的效果也會一口氣提升。

當心受到耕耘後，孩子的心就會越來越穩定，態度也會變得沈著，也會變得更有朝氣，進而開始對你敞開心房。

這麼做應該比深度對話、撥空一起玩要來得輕鬆多了。總之請一邊做家事，一邊試著做做看吧。

「三秒溝通」中級篇

在初級篇中，介紹了日常生活中能輕鬆做到的眼神交流、肌膚接觸，以及將平時對孩子使用的話語轉換成熱情的話語等較基礎的方式。

而中級篇將更具戰略性地將「能三秒結束的對話」變成組合，並教你如何將組合安插進「日常對話的空白」之中。

○「日常對話中的空白」為何？

這裡說的「日常對話中的空白」，指的是你平時和孩子在家中，感到：「現在好像應該和孩子說點話？」「怎麼好像沈默太久了」的時刻，以及孩子在別的房間時，自己感到「是不是該來點對話？」的時候。在這種時候，為了能表示出：「媽媽有在關心你喔」，可以使出三秒內就能結束的簡短對話組合。

○試著多運用「有來有往的組合」

若想使出三秒結束對話組合，可以先掌握其中最基本的「有來有往」對話。模式有無限多種，因此在這裡就先用對大多數女性來說較容易使用的「太好了！」「好厲害！」兩種說法來說明吧。

不需要侷限於這兩句話，可以看過後面說的做法，再試著轉換為對自己來說較容易說出口的語言。

○如何用「太好了！」來打造「有來有往組合」

〈使用範例〉

對在別的房間內一個人玩耍的兒子，唐突地搭話。

「優太！」

「怎麼了？」

「今天在學校玩得開心嗎？」

「嗯，很開心！」

「太好了！」

就像這樣先叫孩子的名字，然後……

①「家長↓孩子」丟話題
②「孩子↓家長」回答
③「家長↓孩子」更加了解
就像這樣，將由媽媽起頭的「有來有往」對話做成組合，安插進孩子的日常生活中。

透過這個舉動，會讓孩子感覺你一整天都對自己敞開著心房。

或許你會認為：「這有什麼用」，但這是因為你站在家長的角度思考這件事。若從孩子的角度來看，會知道就算不自己主動去確認，家長也會積極關心自己，進而感到安心。

也就是說對忙碌的你來說，在育兒時可以多多使用「雖然對家長來說不是什麼了不起的事，但對孩子來說很有效果」這種CP值很高的行為。

若非如此，就無法長時間持續對孩子表現「穩定的愛」。

○「有來有往組合」的重點

重點① 一切靠氛圍

「有來有往組合」可以不必太用心，只要用「100％的熱情」說就夠了。

也就是說這個方法的目的，不在於要認真將媽媽認為「在學校玩得開心真是太好了」的心情傳遞給孩子。

只是和孩子打鬧的一部分，所以請刻意炒熱氣氛，不用動什麼腦，隨意說「太好了」即可。然後在好像說完又好像沒說完的時候，像沒事一樣，回去做自己的家事吧。這麼做之後，孩子將能因此獲得滿足，回歸自己的活動。

也因此能速速結束話題，並留下帥氣媽媽的形象。

重點② 不延續對話

這也許和重點①有些重複，但請務必表現出「這只是好玩而已」的態度。並在說完「太好了！」之後速速結束話題，回去做家事，不要延續對話。

接下來要介紹的「好厲害！」也一樣。「有來有往組合」最後說出的結尾詞，應該選擇讓孩子無法繼續對話的台詞，並用很有精神的說法做結尾。這就是能瞬間讓孩子的心充滿精神，同時也不會讓對話延續的訣竅。

當然若你不介意讓對話持續下去，也可以繼續說，應該說若你願意聽孩子說話是最好不過的。但「三秒溝通」本來就是針對「太過繁忙，沒時間應付孩子的媽媽」、「陪孩子說話太久會感到很煩躁的媽媽」的方法。所以若會對媽媽造成負擔的話，這些方法就失去意義了。

若運用這些方法，會讓你和孩子之間的對話變長，說不定會讓你開始不想和孩子說話，甚至讓你不想再和孩子搭話。

所以在使出「三秒溝通」時，最好做到「絕對不能讓對話拖太長！」的心理準備。想著以炒熱氛圍為重點開心搭話，然後立刻結束回去做家事。

如此一來，以後你也會比較願意頻繁、開心地向孩子搭話，以長期觀點來說，這麼做也對孩子比較好。

重點③ 對話開始前要先叫孩子的名字

「稱呼名字」對孩子來說是有價值的。

身為媽媽，可能會懷疑「這樣做真的有效果嗎？」但當孩子被叫到自己的名字時，會感受到媽媽對自己的愛，因此變得很開心、安心。

從你的角度來看，也許不太能理解意義何在，但請記得孩子的心中就是這麼想的。只是叫自己孩子的名字而已，對你來說不需要費什麼心思，但對於耕耘孩子的心卻有很好的效果，CP值也很高。所以請儘量在對話開始前先叫孩子的名字吧。

此外在P109中也有提到，當有多個孩子時，若同時對所有孩子一起說話，孩子接收愛的效果會大幅減少。

關於這點，家長也許也不太能理解。但孩子而言，當這份灌注的愛專屬於自己時，孩子所會接收的愛將大幅增長。

由於這麼做CP值很高，所以有多個孩子時，請儘量個別叫孩子的名字，然後再和他們對話吧。

○「太好了！」的變化

這句「太好了！」可以運用在日常生活中的各個場合。這麼做不僅能讓孩子安心，通用性也很高，請試著用這句話來做各種變化吧。

・家長「洗澡舒服嗎？」↓孩子「很舒服～」↓家長「太好了！」
・家長「便當好吃嗎？」↓孩子「好吃～」↓家長「太好了！」
・家長「有準時到學校嗎？」↓孩子「有～」↓家長「太好了！」
・家長「有下雨嗎？」↓孩子「沒有～」↓家長「太好了！」
・家長「有把橡皮擦還朋友嗎？」↓孩子「還了～」↓家長「太好了！」
・家長（對專心中的孩子）「還順利嗎？」↓孩子「順利～」↓家長「太好了！」

就像這樣，故意去問那些其實不問也沒差、理所當然的事情。

「故意問不重要的事」這件事本身就能療癒孩子的心。

由於一切只是為了氛圍，因此不用認真去思考「到底哪裡好了？」或「這樣真的好嗎？」等等。總之你完全不需要用腦，只要在最後加上「太好了！」的台詞，能讓整個房裡的氛圍變好一些就夠了。

只要在與孩子的日常生活中釋放一些開朗的氛圍，你與孩子的心，就會自然相連在一起，每天都變得很開心。

○當孩子給予否定回覆時該怎麼辦？

當然，孩子還是有可能給予否定的答案。接下來將介紹這種時候可以表現的反應。由於這種事情也沒有標準答案，可以自由編排使用。

・家長「洗澡舒服嗎？」↓孩子「不舒服～」↓家長「怎麼可能！」
・家長「便當好吃嗎？」↓孩子「不好吃～」↓家長「我以為你會喜歡！」
・家長「有準時到學校嗎」↓孩子「沒有～」↓家長「哇，那不是糟了嗎！」
・家長「有下雨嗎？」↓孩子「有～」↓家長「天啊！」
・家長「橡皮擦還了嗎？」↓孩子「我忘了～」↓家長「明天要記得還喔！」
・家長「還順利嗎？」↓孩子「不順利……」↓家長「太糟了吧！」

就像這樣，不需用腦隨性回答即可。基本上可以用驚訝的言語回答，然後再彷彿什麼事也沒發生地回去做家事。

若你一開始就用很認真的態度向孩子詢問問題，孩子卻給予否定的回答時，也許會讓你感到傷心或生氣。但若你只是以「我只是在適當的時機使用三秒溝通法，讓孩子的日常生活能變得開朗一點而已」的心態搭話，無論孩子給予什麼回應，你都不會感到傷心，也不會生氣。

而且由於「三秒溝通」是由媽媽發動，一般來說孩子也不會想延續對話。小孩通常只有在自己想說話時，才會希望家長給予較長的回覆。所以當你使用三秒溝通時，請以簡短的方式說完話後立刻回去做家事。

○「好厲害！」衍生的「有來有往組合」

接下來我將介紹和「太好了！」方法一樣的，「好厲害！」的變化型。

「好厲害！」是一個很好用的詞彙。只要先做好「有來有往」的溝通組合，然後最後再加上「好厲害！」就OK了。

〈使用範例〉

①當孩子把房間整理好……

「你把房間收好了？」

「嗯，收好了！」

「好厲害！」

②當孩子洗完澡出來……

「你去洗澡了？」

「嗯，洗了！」

「好厲害！」

③在庭院的腳踏車被排得很整齊……

「這是誰排好的？」

「是我！」

「好厲害！」

④看見桌上功課中的字很漂亮……

「這是誰寫的？」

「是我寫的！」

「好厲害！」

④的例子是「功課」，其實不用問也知道是孩子寫的。但此時要故意詢問是誰寫的，刻意製造表示驚訝的機會。面對孩子不用想得太深，若情況適合，就直接以「好厲害！」建立對話，在說完該說的之後，就盡快回去做自己的事吧。

這麼做不僅能讓你成為有趣的媽媽，還能讓家庭氛圍變得更活潑。

○重點在於「假裝驚訝」

「好厲害！」這招的目的和初級篇（P118）中介紹的「假裝驚訝」一樣，這麼說並不是為了誇獎。

比起真的感到驚訝，故意假裝「驚訝（感嘆詞）」的表現方式，能讓整個場子變得活潑，並能在日常生活中，讓孩子的心更雀躍。

所以也不一定要用「好厲害！」的說法。換成「超強！」或「好扯！」「太強了吧！」也都無妨。

用其他用語都無妨，只要是對自己來說好開口，任何浮現腦中的「表現驚訝」的說法都可以試試。

其實當習慣在與孩子對話時改用「假裝驚訝」的表現後，不用動腦就會自動跑出孩子不會感到無聊的反應。一切靠的其實都是「習慣」。

關於這點，許多家庭都會陷入這樣的對話。

・家長「你洗澡了嗎？」→孩子「洗了～」→家長「……（沈默）」
・家長「你收好了嗎？」→孩子「收好了～」→家長「好喔……」

你看到這個有什麼感覺呢？這樣的家庭感覺有趣嗎？

明明只要再加一些話就能讓家庭氛圍變得活潑、有趣，但許多家長卻如此反應，實在很可惜。且即使是這樣的小事，就會讓孩子的心無法受到耕耘，也會讓媽媽覺得育兒很無聊。

忙碌的你，不需要刻意每天和孩子說到一個小時的話，更不需要停下做家事的腳步。你需要做的只是下一點點小功夫而已。光是如此，孩子對你的印象就會大幅改變。

「有來有往組合」的方法可以重複運用。就算不是「太好了！」或「好厲害！」也沒關係，請試著用對自己來說好開口的詞彙打造一套模式，並試著隨意運用在各種場合中。

如此一來，就可以在完全不感到疲累的狀況下，改善親子關係。

○小心不要過度使用同一套模式

「太好了！」和「好厲害！」都是如此，若這種定型化的反應中，若太常使用相同的詞彙，孩子也會很膩，認為：「媽媽又在講那套了」。

因此在習慣這套做法前，請先從一天一次開始嘗試。

當在日常生活中感到「好像都沒有和孩子互動」、「感覺好像安靜太久了」的時候，可以一天選擇一種模式使用，然後試著加入初級篇中提到的不經意地肢體接觸、眼神交流。如此一來，在孩子眼裡就不會是一成不變的模式，而是自然的交流。

在每天持續之下，就會漸漸開始更有概念。也會開始學會使用「有來有往組合」的頻率，以及找到更多有趣的說法。最重要的是，你將會發現你們的親子關係變得越來越有趣了。

其他「三秒溝通」法

前面介紹了「三秒溝通」中的基礎——「有來有往組合」。接下來將繼續介紹各種「三秒溝通」法，請試著依照自己的狀況運用。

①從廚房叫位於其他房間裡的孩子……

「優太！你今天帶箱子去學校做了什麼啊？」

「我做了城堡！」

「好酷喔！」

這就是「有來有往」的其他使用範例。請試著依照當下的情況調整使用。

②發現玄關的鞋子被排好時……

「咦？這鞋子是誰排的啊？」

「是我排的。」

「你幫了我好大的忙！」

比起直接說「你幫我排鞋子了嗎？謝謝」卻刻意詢問，讓孩子自己說出「是自己排的」，進而因此感到驚訝的作法，更能耕耘孩子的心。

順帶一提，這種時候不能期待隔天孩子又會把鞋子排好。若這麼做，當孩子沒排鞋子時，就會對孩子感到失望。相反的，當孩子有幫忙排好鞋子時，你也不會再做出驚訝的表現了。

③平時當孩子從學校回家後，都必須催孩子快點收書包。但那天孩子主動收了書包……

「咦？書包跑去哪裡了？」

「我收好了！」

「咦？真的假的？」或是「咦？也太快了吧？」

雖然平時總會動怒，但當孩子有好好收書包時，比起稱讚「只要你想做就能做得到嘛」，故意以「孩子應該還沒收書包吧」為前提詢問，讓孩子說出「我收好了」並對此答案表現驚訝。這麼做，也會讓孩子更感到自豪，耕耘心靈的效果會比直接稱讚來得更好。

④孩子要去廁所時……

「優太」

「怎麼了？」

「你要便便啊？（偷笑）」

「嗯，我要去便便！」

「慢走喔！」

無論在什麼時代，便便話題都很受男孩子歡迎。

⑤和孩子一起坐在餐桌前，自己很睏，眼睛快閉上時……

「理沙。」

「怎麼了？」

「（眼睛微閉、翻白眼）媽媽現在看起來怎樣？」

「很想睡～」

「沒錯!!」

在十分鐘重複兩次後，就小睡完畢了。在這種時，儘可能翻白眼，表情變得有趣一點孩子會更開心。從這個角度來看，比起「媽媽想睡了」讓孩子認為「媽媽的表情好好笑喔」並逗笑孩子，更符合帥氣媽媽的形象。

⑥在孩子說「我出門了」，你回答「路上小心」後，再對玄關前的孩子說……

「優太！」

「怎麼了？」

「加油喔！」

「嗯，我會加油的！」

從媽媽的角度來看，這個舉動其實沒什麼，也完全不費力。但從孩子的角度來看，這種媽媽不經意、卻又「刻意」來關心自己的行為，會讓孩子強烈感到自己受到媽媽的愛灌注，以及受到關心的安心感。

⑦用玩偶和孩子搭話，什麼事都會變得有趣。

當孩子從學校回家後，用一手拿著玩偶，稍微改變聲音，用玩偶的聲音說：「歡迎回家！」就能讓孩子一回家就充滿精神。

或是對於平時你再怎麼問，都不太和你說話的孩子，也可以以玩偶問他：「喂！今天發生了什麼事啊？」孩子也會覺得有趣，和你說很多話。

除此之外，也可以用在跟孩子說：「快點去洗澡啦！」等用途上。玩偶這招可以運用在任何事情上，非常方便。

○在打招呼的聲音上下功夫

也許有些人不擅長這招，但如果可以，請試著改變對孩子打招呼的方式。

- 「早」→「早啊～」
- 「歡迎回家」→「歡迎回家喔～」
- 「晚安」→「晚安安～」

當然，說法不一定要完全按照上述例子，也可以改變為自己好開口的形式。

總之，像這樣稍微在說法上做一些變化，就能讓孩子覺得很開心。不只是學齡前兒童，就算是小學生聽了也會很開心。

但其實並不是因為「歡迎回家喔～」這句話聽起來很好笑。孩子真正想要的並不是聽到有趣的話語，而是想看到總是很開心的媽媽。就這點來說，可以機械式使用的招呼語就很方便。因此並不需要過於認真思考說法。

孩子對媽媽的期望，是不需要動腦就能擁有的好心情。

此外，使用這種變化形打招呼方式時，請別對孩子的「回應」有所期待。在說出「你的回應呢？」那一刻，你的那些有趣的形象全都失去效果了。真正有趣的人，並不會期待對方的反應，而是會直接說自己想說的話。

「三秒溝通」高級篇

接下來要進入高級篇了，我想很少人能立刻辦到，但由於這些方法對耕耘孩子心靈的效果很好，因此我想介紹給大家作為應用。又或是可以擷取其中精神，開發自己的方式。

關於熱絡氛圍這件事，基本上重點在於習慣與否。

因此實踐到中級篇後，若發現自己似乎不用動腦、不用勉強就能創造出具有自己風格的方法，就試著做做看吧。

①站在孩子旁邊，大聲說「嘿咻！」假裝要撿掉了的東西，一邊用屁股撞孩子。

「啊！抱歉!!（笑）」

「沒關係啦～（笑）」

孩子最喜歡這種氛圍了。

②孩子洗完澡裸身出來時，按孩子的乳頭。

「啊，我弄錯了！我以為是電燈的開關！」

「才不是呢！（笑）」

「抱歉啦～（笑）」

總之就是抓緊時機與孩子玩鬧。

③若你回家時，發現孩子坐在餐桌前，便若無其事的直接進房間。當經過孩子身旁時，突然大聲說：「哎呀呀！」然後倒向坐著的孩子。

有些孩子會被這樣的氛圍逗得很開心，也有孩子不太喜歡。所以請依照孩子的個性應對。

④等習慣這些模式後，可以試著更用力開玩笑。當孩子從學校回家後……

「歡迎回家～」

「我回來了～」

15秒後，再去在其他房間內的孩子說……

「理莎。」

「怎麼了？」

「歡迎回家。」

「我回來了。」

再15秒後……

「理莎。」

「怎麼了？」

「歡迎回家。」

「我說過我回來了啦！（笑）」

「真的嗎？抱歉啦！（笑）」

雖然小孩很喜歡這種氛圍，但重要的是不要太過煩人。這招的CP值很高。不用停下煮飯等家事，只需出聲開個玩笑，就能輕鬆耕耘孩子的心。

⑤接下來是較長的版本。當習慣「三秒溝通」後，若還有能力，可以在上菜時隨性試試看這招。不要動腦，隨意試試即可。若你把氛圍創造得好，幾乎所有的孩子都會因此感到開心。

「歡迎光臨，這裡是〇〇餐廳。這是本店推薦的〇〇咖哩。這位客人，你喜歡吃咖哩嗎？」

「喜歡！」

「請用！這胡蘿蔔產自愛媛（產地隨意說就好）。肉則是雞肉……請問客人比較喜歡雞肉還是豬肉呢？」

「雞肉。」

「太好了！我就猜這位客人喜歡雞肉，所以才放了雞肉的。」

※當回答是「豬肉」時

「真的非常抱歉！豬肉賣完了，所以我放了雞肉……」

「我也很喜歡雞肉，沒關係！」

「請問還合您胃口嗎？」

「很好吃！」

「是嗎？謝謝～請慢用。」

然後就結束話題。

若孩子又繼續搭話，請說：「好，結束了！」「快吃啦！」話題就不會延續下去了。（結束話題的方法，請參考P196）

⑥接下來將介紹⑤的就寢版本。在寢室裡……

「這位客人，這裡是希爾頓飯店的寢室。棉被是超高級羽絨被，請躺躺看。不多不少用了兩萬根羽毛製作，非常溫暖喔！」

「好溫暖～」

「是嗎，太好了。這枕頭一個要12億9千萬日圓。舒服嗎？」

「非常舒服。」

「太好了。請慢慢休息～」

若孩子想繼續搭話，請這麼說結束話題。

「結束了！」「安靜！快睡覺！」「晚安安」。不需要一直持續對話到自己感到疲累。身為媽媽的你想結束時，就可以結束。

覺得「三秒溝通」很難時

「三秒溝通」的初級篇、中級篇非常簡單，應該任誰都能做得到。若還是覺得困難，請確認是否有下列狀況。

①覺得必須讓孩子有所成長
②無法明確拒絕孩子的要求
③沒有自己的休息時間
④孩子玩不太起來

就讓我一一詳細說明吧。

①覺得必須讓孩子有所成長

無法輕鬆辦到「三秒溝通」的人，應該從平時就一直把孩子當作「自己有責任使其成長的對象」，對一切都非常認真。

因此滿腦子都是孩子的成長，認為「我無法忍受這麼無聊的對話」，心中有種被逼到絕境的感覺。

這樣的人，其實已經忘了「孩子是一種會自己成長的生物」。

所以對於這種人，請先屏除腦中「孩子必須靠我成長」的想法。並且不要每天都想著孩子的成長這件事，試著只去想今天要如何和孩子充滿朝氣，快樂地度過。也就是請放下身為「媽媽」的責任感，調整成「幼稚園老師」的心態。

如此一來，你就會從「必須讓他這樣成長」的壓力中釋放，每天都能開心地執行三秒溝通。孩子的心也會因此受到耕耘，靠自己的力量茁壯成長。

只要孩子的心開始受到耕耘，一切都會開始往好的方向運轉。為此，想「種植」各式各樣東西的你，就試著儘可能降低期望值吧。

②無法明確拒絕孩子的要求

認為「三秒溝通」很難的人之中，應該有些人會覺得「孩子都不願意在三秒鐘結束對話」、「對話完後還是一直來找我搭話」。

對於這種情況，當孩子來找你對話時請試著如此應對。

〈基本〉

用「好，到此為止！」「不要再說了」，不帶感情冷靜結束話題。

然後就如你所說，絕不繼續和孩子對話（關於做法，將在P196中詳細說明）。

若這麼做讓你感到有罪惡感，請試著想：「之後再使出三秒溝通，就能更新孩子的印象了」。

〈應用〉

用肢體接觸轉換心情。

・一邊說「好了啦」，一邊用不會痛的力道拍拍孩子的頭，趕走孩子。
・對孩子說的話表示：「原來如此啊」然後對孩子的腋下搔癢，趕走孩子。
・抱緊孩子轉一圈，然後說：「好，結束！」（就算孩子纏著你說「再一次嘛！」也要堅決說：「不要」，並趕走孩子）

「因無法回應孩子的要求，而有罪惡感」的人，請試著在平時增加「三秒溝通」的頻率。如此一來，你就會漸漸產生自信，知道自己平時已經給予孩子足夠的交流，進而能乾脆拒絕孩子的要求，並不會因此感到罪惡。

現在的你，之所以會對直接拒絕孩子有罪惡感，應該是因為你心中有著平時未能給予孩子足夠關心的「歉疚感」。但只要在你與孩子平時相處的時光中，增加「三秒溝通」的頻率，那股「歉疚感」就會消失。而孩子平時的滿足度也會提升，因此對媽媽難纏的要求也會減少。

③沒有自己的休息時間

若孩子從幼稚園回來前，你有時間能獨處，你會做什麼事呢？

是不是會想為了在孩子回來後能和他互動，趁現在先把家事做好呢？

若順利的話當然沒問題。

但當孩子回家後，媽媽往往沒辦法放鬆。接著就導致你在一整天中，都無法擁有讓自己好好恢復的時間。最後累積了壓力，甚至可能出氣在孩子身上。

若是如此，不如趁孩子不在，只有自己一人的時候，好好把握自己的時光，好好休息，家事就留在孩子在家時做吧。

你也許會認為：「若做家事，不就沒時間和孩子互動了嗎？」正因如此，才要運用「三秒溝通」。

說到底「三秒溝通」本來就是一種能一邊做家事，一邊和孩子溝通的方法。

當然，你也可以另外找時間和孩子玩；但若你是被時間追著跑的忙碌媽媽，請不要只將「做家事的時間」用在「家事這個行為上」，而是應該更有效利用，就試著在這段時間中同時與孩子互動吧。

若沒辦法另外找時間跟孩子玩，就趁孩子在家時，讓做家事這段時間中的氛圍變得熱絡，給孩子一種你對他完全敞開心房的感受。

如此一來，不僅能讓你能更有意義地運用整天的時間，你本人也會變得更充滿精神。

從「擁有自己的休息時間」的觀點來說，也許忙碌的媽媽可以試著不「哄孩子睡覺」。

例如若決定「要在晚上九點讓孩子睡覺」，許多人就會在九點那一刻，暫停做到一半的家事，優先去哄睡孩子。

當然，若孩子能立刻睡著，用這個方法也沒什麼不對。

但若孩子遲遲不願意睡覺，就會讓還未完成家事的媽媽感到越來越煩躁，進而對孩子感到生氣。

如此一來，就會覺得孩子不再可愛，說不定也無法耕耘孩子的心了。

所以這樣的人以後可以讓孩子十點或十一點睡也無妨。降低對孩子就寢時間的「期望值」，在孩子醒著時迅速做完家事，然後再和孩子一起進被窩。

此時，不用刻意哄孩子入睡，也不用太認真聽孩子說話。

只要一邊滑手機，一邊享受自己的自由時間，若自己想睡就先睡吧。如此一來，孩子也會開始想睡，並自己睡著。

有些人也許會認為這樣有點冷漠，但其實沒關係的。

只要在醒著的時間裡，一直採取「重視氛圍」的策略，與孩子有足夠的互動的話，孩子從平時就會接收到足夠的愛。

因此睡覺時的一些舉止並不會讓他感到不安。

且由於睡覺時媽媽在身邊，能獲得一定程度的安心感。

④孩子玩不太起來

感到三秒溝通不順利的人之中，應該有些人會認為「就算自己興致高昂，但孩子就是玩不太起來」。

其中最常發生的狀況，就是孩子本身就是個慢熱的人。

具有這種特質的孩子，有時喜歡唱反調。雖然明明很開心，但卻只回個「嗯」反應很平淡。就算希望別人做什麼事，也無法直接說出來。又或是就算開心，卻因不好意思而無法做出開心的反應。

所以請先試著仔細觀察孩子的樣子。若發現孩子其實心裡很開心，就試著照初級篇，開始一點一點的實行「三秒溝通」。如此一來，就能讓孩子的心受到耕耘，孩子也會漸漸習慣，變得越來越有興致。

又或是原本並不是個慢熱的人，但因過去的「種植育兒」等原因，導致心靈乾枯，態度變得粗暴。這種孩子也有可能給予好的反應。

這種時候，請先執行讓孩子反應變好的策略。

先採取前述的「帥氣媽媽三原則」，然後再實踐P182將介紹的「冷靜應對」，試著讓孩子穩定下來。

當孩子的情緒穩定下來，再開始慢慢從初級篇實踐熱絡的互動方法。

如此一來，孩子的反應應該也會變好。

當孩子主動找你搭話時

前面說明了在實行「三秒溝通」時，由母親主動向孩子搭話的方法。

接下來，我將說明當孩子來搭話時，我們又該怎麼做。

○案例1　想展現作品給你看時

當孩子將畫好的畫、做好的作品拿到你面前要你看時，應該許多人會給予「好厲害喔！」「畫得真好」等回應。

但這麼做將讓孩子發現你其實沒興趣，對孩子心靈的耕耘效果也會降低。

因此下次孩子拿自己的作品要你看時，請試著這麼做。

首先，瞬間注目作品上的某處，然後針對那個部分提出問題。

「咦？這裡為什麼是黃色的啊？」

「咦？為什麼這裡還有一個人啊？」

「咦？這裡面是長怎樣啊？」

然後無論孩子怎麼回答，都應用興奮的口吻這麼說：

（「我都給出如此興致高昂的反應了，希望能靠這一次的提問滿足孩子」的策略）

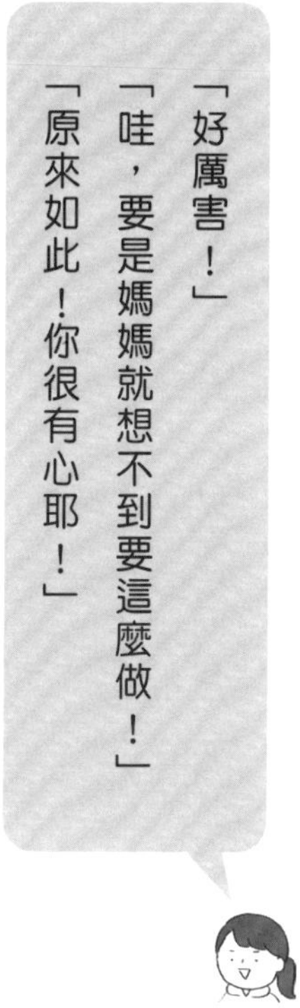
「好厲害！」
「哇，要是媽媽就想不到要這麼做！」
「原來如此！你很有心耶！」

此時不應該全部隨便稱讚一通，而是應該點出重點，對作品的一部分提出疑問，並給予讚賞。這麼做孩子更會感受到「你是真的感興趣」。至於要問什麼樣的問題都無妨，不用想太多，就隨性提問吧。

沒有時間或沒有餘裕的人，只問一個問題就結束也無妨。

老實說由於孩子每天都在展現自己的作品，你對孩子的作品應該也沒太大的興趣。若花很長的時間在沒興趣的事物上，讓自己煩躁，反而就失去意義了。

與其如此，不如讓問題控制在一個就結束。這樣當下次孩子對你說：「媽媽你看嘛」時，心中反而不會有煩躁的感覺，就能再次以好心情（僅限一次）應對。

為了能讓開心持續下去，每次都要留意「不要努力過頭」。

順帶一提，這個做法也可以運用在孩子剛回家，聊學校裡發生的事情時。

例如，當孩子對你說「今天發生了這樣的事！」

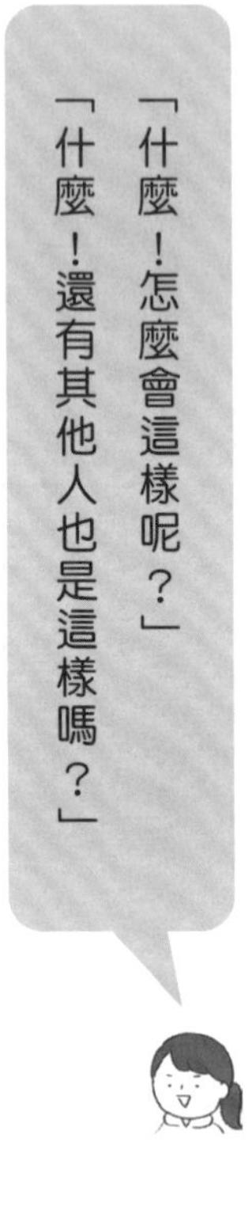
「什麼！怎麼會這樣呢？」
「什麼！還有其他人也是這樣嗎？」

←無論孩子怎麼回答，都以這樣回答……

「好強！」

「這樣啊！原來是○○啊！（重複孩子說的話）」

以此來結尾。

在這種時候，提出一個具體的疑問也能讓孩子的滿足感提升。

然後立刻轉移話題到「快把書包收一收吧」等事情上，就能自然地結束。

○案例2　孩子認真希望你聽他說時

到目前為止的方法，基本上都是當孩子跑來搭話時，「假裝驚訝」並迅速結束話題的方法。但有時孩子也會有情緒，希望我們認真聽他說話。

若你察覺孩子是「認真」的，請先停下手邊的工作，把手機也先收在一旁，專心聽孩子說話。如果孩子還小，請蹲下和孩子對上視線，看著他的眼睛聽他說話吧。此時不需要給什麼建議，也不需要替他解決問題。只要認真聆聽就好。

如此一來，孩子也會立刻得到滿足，結束話題。

若你平常就有使用「三秒溝通」滿足孩子，他們多半都會在一到兩分鐘內結束話題。

當孩子認真和你說話時，家長往往會覺得很麻煩，並會想偷懶將那些話當作耳邊風。但若在這種時候將孩子的話當作耳邊風，對你來說ＣＰ值反而很低。因為把孩子的話當作耳邊風時，孩子將無法獲得滿足，反而會將話題一直延續下去。如此一來，會讓你慢慢累積壓力，進而可能對孩子產生煩躁的情緒。

這樣無法讓孩子滿足及安心，導致孩子一直到隔天、後天都還無法放下對你的執著。

關鍵在於當發現孩子很認真的時候，一定要在**自己開始感到煩躁前，去想「此時就認真聽他說吧！」轉換心情。**

若你在煩躁的狀態下聽孩子說話，即便在聽到一半時決定開始認真聽孩子說話，當下表情還是可能像鬼一樣。如此一來，就算後來你有認真聽孩子說話，仍無法耕耘孩子的心。

為了面對這種狀況，平時就要用「三秒溝通」好好偷懶。而當孩子認真想談論事情時，則想著「我平時只有做三秒溝通，所以這種時候就好好面對他吧」，整理心情，乾脆地停下手邊作業聽孩子說話，消除孩子心中的煩躁吧。

○案例3 孩子鬧脾氣時

當孩子為了某件事鬧脾氣時，基本上就從「同理」開始切入吧。

做法很簡單，只需要代替孩子抒發情緒即可。舉例來說可以這麼做：

「啊，真的很想要對吧。」
「啊，很痛吧。」
「啊，真是不甘心！」

只要在孩子鬧脾氣時，先自然說出這些台詞就好。也可以在後面加入「啊，我懂！」若你還有其他想告訴孩子的話，可以在之後補上。

「但今天不能買喔。」
「貼ＯＫ繃就沒事了！」
「要是下次能贏就太好了！」

只要這麼做，就會加快孩子冷靜下來的速度。

若孩子常常鬧脾氣，且感覺孩子的態度無理取鬧時，許多人都會認為「我才不想同理他」、「別以為這樣鬧就有用」。

雖然對大人來說確實是如此，但孩子的大腦功能尚未成熟，所以才會有「鬧脾氣」的反應。

面對這種時候，大人的應對方式，應該如這裡所寫，先給予同理的話語。

這麼做才能儘快讓孩子穩定下來。

當孩子鬧脾氣時，**總之先試著機械性地說「啊，真是○○」吧。**

如此一來你會發現這麼短短一句話，最後能讓你自己受惠。

孩子做得好時，應感到驚訝而非誇獎

○對孩子的努力，也以「驚訝」回應

「三秒溝通」中的「好厲害！」招式（參考P134），說明了比起稱讚，假裝驚訝對心靈來說有更好的耕耘效果。這是一種不以稱讚，而故意選擇以驚訝的詞彙，來應對根本沒什麼大不了的小事，藉此讓氣氛變好的策略。

但另一方面，孩子當然也會有真的很努力學習、自己認真讀書，並且因為這些努力，而獲得成效的時候。

在這種時候與其誇獎孩子，不如盡可能表現驚訝吧。

但這種時候不是「假裝驚訝」，而是要「真的驚訝」。具體作法依實際狀況會有所不同，但無論是何種狀況，都不需要表現得過度驚訝。甚至在面對某些事情時，用一般的態度面對也沒問題。

與其表現出「我在誇獎你」，不如露出「我很驚訝」的反應，孩子會更開心，內心也會被耕耘。例如孩子考出好成績時，與其說「做得真好！」，不如說「什麼？真的假的！」，能讓孩子更有成就感與動力。

孩子的表現全都是出乎意料的驚喜

說到底，「耕耘育兒」的基礎，就是家長應該「降低對孩子的期望」。

若你已經能實踐前面的步驟，那孩子的成功對你來說必然是「預期之外」，並會讓你感到驚喜；孩子若失敗則是「意料之內」，理應會想鼓勵孩子。

這便是你降低了對孩子的期望值的證據。

然而許多家長卻會做出相反的事，讓孩子的動力全失。也就是說當孩子成功時，採取「這是意料之內」的反應，表現平淡；相反的，當孩子失敗時，則表現出「這是意料之外」的反應，變得心情不好。

比起被家長稱讚，孩子更喜歡讓家長驚訝。

且比起稱讚孩子，感到驚訝比較不會讓孩子的成長受到家長價值觀束縛，將讓孩子更能順著自己的特質成長。

因此對於孩子好表現，就試著盡量多多給予「真意外！」的反應吧。

如此一來，當孩子失敗、不順利時，你也不會因此感到生氣、難過了。

孩子成功時，家長的反應

「種植育兒」 由於在「意料之內」，表現平淡。

「耕耘育兒」 由於在「意料之外」，表現得很吃驚。

家長只是孩子人生中的配角

不要比孩子更積極

例如在想讓孩子學習某件事時，由於孩子基本上是不知道能學什麼的，因此家長從旁「提議」學習的選項也不錯。但就算孩子真的開始學習，也請別對孩子抱持「應該要獲得一定成果」的期待。

又或是當孩子說：「我在考慮去讀這間高中」時，身為家長的你請不要超前進度，例如在孩子沒有請求協助的情況下，跑去買那間學校的考古題等等。

任何事都是如此，**當媽媽的動力勝過孩子，總沒好下場。**

當孩子發現媽媽為了自己根本沒有要求的事而疲於奔命，就會失去自我探索的心，反而會導致孩子失去動力。此外，對抱持期待的你來說，當孩子不如自己期望中成功時（忘了明明是自己擅自賦予期待），也會因此感到生氣。而當孩子成功時，也無法給予驚喜的反應。

○配合孩子的積極給予支持

基本上，只要孩子有動力，若孩子主動說「我想得第一」，家長就應該支持他成為第一；若他說「我想得第二」，家長就應該支持他成為第二。這樣的態度，是能讓你和孩子都快樂的訣竅。

總之，媽媽在面對孩子時的態度，就是貫徹「配角」的責任，維持配角應有的積極程度即可。為孩子的人生「加油」，過著歡樂、開心的每一天吧。

這也將成為一種促進孩子成長的「心的耕耘」。

第 5 章

成為「帥氣媽媽」～【方法 2】冷靜應對～

「帥氣媽媽」會冷靜應對

那麼接下來，我將介紹孩子試圖越過「柵欄」時的應對，以及其他如教訓孩子的方法、讓暴走的孩子冷靜下來的方法等「治小孩之道」。

○應優先守護「媽媽想耕耘孩子心田的心情」

從根本來說，包含各種修養、知識在內，當家長想對孩子「種植」時，前提應該是孩子的心田必須處於「受到耕耘的狀態」。

未受耕耘的心田根本無法「種植」。即便是硬是要種植，也只會讓心田更加乾枯、變硬，就算想種植其他的知識和技能，也都會失敗。

相反來說，只要家長持續耕耘心田，就能讓孩子的心變得柔軟，也能讓心情穩定下來，對於知識的吸收力也會大幅提升。也就是說根本不需要家長的「種植」，孩子就會依照自己的意志吸收事物。

從這個角度思考，就會看出育兒中最重要的事情是什麼了。

那就是**「育兒時，最應該守護的，是媽媽本身想耕耘孩子心田的心情。」**

若身為家長的你，感到煩躁，討厭孩子，一點也不想耕耘孩子的心田的話，不僅僅是孩子的成長，連你自己的生活也都會一併惡化。

因此，「耕耘育兒」應該採取以下三種方法。

❶【下功夫】和【放棄】的組合

❷冷靜堅持

❸帶孩子走入平穩的世界

接下來，就讓我依序來解說這三點。

❶【下功夫】和【放棄】的組合

若「最應該優先守護的，就是媽媽本身想耕耘孩子心田的心情」的話，與其等著孩子犯錯惹你生氣罵人，不如一開始就先用物理性的方式，打造好不會讓你感到生氣的環境。

也就是說，只要你從一開始，就儘可能先設定好讓自己不會生氣的情境，你就能永遠有想耕耘孩子心田的心情。因為你根本不會對孩子感到生氣。

所以與其去想「該如何罵孩子？」不如先從「該怎麼防止想罵孩子的狀況發生？」的觀點思考更有效率得多。若從這個角度來思考，以下的方法非常有效。

○從與孩子的生活中，消除家長憤怒的原因

①不希望孩子做的事，就【下功夫】用物理的方式，不讓孩子做。

②若是無法靠下功夫避免的事，就去想「小孩就是會做這種事」並【放棄】。

這麼說也許有點難懂，就來看看實際案例吧。

〈例1〉即便你規範了點心量，小孩這種生物還是會趁媽媽不在時，偷偷從架子上拿點心偷吃。

所以，

①若不希望孩子這麼做，一開始就不應該將點心放在孩子自己拿得到的地方。

②要放在那種地方，就要有心理準備「小孩就是會去拿來吃」，果斷放棄。

〈例2〉小孩會趁媽媽不在的時候，偷偷玩手機遊戲。

所以，

①若不希望孩子這麼做，就應該將手機設定調整為玩一小時後就無法連上Wi-Fi，又或是將孩子的手機帶到公司。

②若不這麼做，當不在家時乾脆想著：「他一定在偷偷玩遊戲」，直接放棄。

〈例3〉孩子沒吃完媽媽辛苦做的飯菜，吃的時候拖拖拉拉。明明是特地為孩子做的，他卻一點也不感激。

所以，

①若不希望孩子這麼做，就不要花太多心思做飯。用自己不會感到受傷的勞力去做就好了。

②若想精心製作料理，就要有孩子反應可能不符你預期的覺悟。

〈例4〉孩子時常弄髒衣服和地毯。

所以，

①為了在孩子弄髒衣服和地毯時毫不介意，全部都買便宜貨。

②若讓孩子穿有品牌的衣服，或使用高級地毯，就要做好「24小時以內會出現污漬，三十天內會四分五裂」的心理準備。

除了以上例子，我還做了一些【下功夫】和【放棄】的組合，舉了一些讓你從日常生活中除去憤怒原因的方法。也許你看了會覺得：「真的可以這麼做嗎？」但首先最重要的，就是除去讓你想罵孩子的狀況。且這些必須【下功夫】和【放棄】的事情，會隨著孩子的成長，自然不再需要，所以請放膽嘗試吧。

・若討厭房間亂糟糟，就減少玩具的數量。

・若想把孩子訓練得會整理房間，就選擇孩子也容易收拾的收納方式。
・若不希望孩子觸碰，一開始就將東西放在孩子碰不到的地方。
・若廁所中的地毯被小便弄髒會讓你生氣，那就不要在廁所放地毯。
・若三歲的姊姊喜歡一直去玩妹妹，就把妹妹放在三歲兒童碰不到的嬰兒車中。
・若不希望孩子在吃飯時打翻飲料，就不要給他牛奶或果汁，而是給水。（不會黏答答的，也不會產生污漬）
・吃完飯後，除了整理桌上，也要擦拭地板。（因為孩子吃飯一定會弄髒地板）
・為了盡快讓孩子吃完飯，從一開始就不要給孩子他討厭的蔬菜等等。（使用其他代替的食材，不會導致營養失調。例如若孩子不吃菠菜，願意吃花椰菜就行）
・不想讓洗衣機裡都是沙子，就把褲子後面的口袋整個縫起來。（因為玩沙時，沙子容易跑進後面的口袋裡）
・在百元商店買孩子的傘。（反正一定會弄壞）

・早上換衣服花太多時間，不如讓孩子穿著去幼稚園時要穿的衣服睡覺。

・想讓孩子自己換衣服的話，買全部都可以互相搭配的衣服。（例如下半身統一買黑色或丹寧等）

・如出現夏天也想穿毛衣去幼稚園，或是明明是夏天卻想蓋被子，導致睡覺時流個滿身汗等大人無法理解的行為，由於不會影響到自己，所以隨他去。

・想訓練孩子將垃圾丟垃圾桶時，做一個簡易垃圾桶放在桌上。又或是在房間的四個地方放垃圾桶。只要自己附近有垃圾桶，麻煩度就會降低，對孩子來說也比較好丟。但若即便如此還是不丟在垃圾桶裡，就先放棄，等孩子再長大一點再說。

總之重點就是對於孩子採取【下功夫】或【放棄】的其中一種方法，先準備好讓你不用發怒的環境，或是不用生氣的方法即可。

為了不罵人，準備【下功夫】或【放棄】的方法

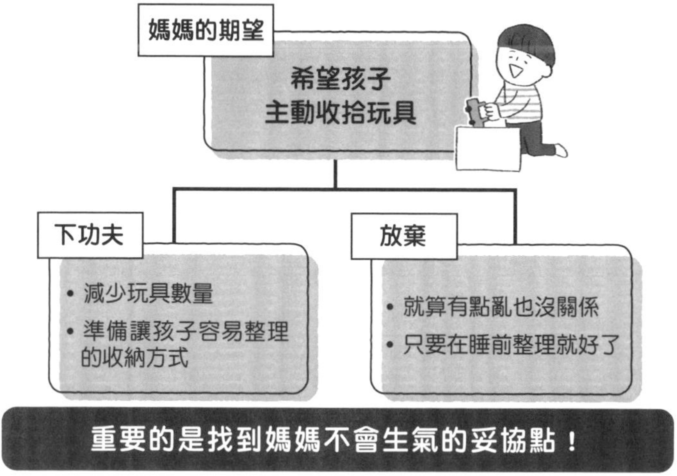
媽媽的期望
希望孩子
主動收拾玩具
下功夫
• 減少玩具數量
• 準備讓孩子容易整理的收納方式
放棄
• 就算有點亂也沒關係
• 只要在睡前整理就好了
重要的是找到媽媽不會生氣的妥協點！

如此一來，小孩就不會讓你生氣，你也不用因此對孩子發飆，而讓孩子的心田乾枯。

這麼做能讓你維持著「想耕耘孩子心田」的想法。而由於持續「耕耘」，孩子在早期階段就將不再做出這些不合理的舉動。

所以從今起，若說了三次孩子都不改，就當作「孩子目前的能力還做不到」。當孩子感覺有一點做不到，就積極放棄，改從其他方面努力吧。

○幼稚園是提升媽媽「展露笑容的比例」的地方

請試著將幼稚園、課外活動、才藝班當作同一件事來思考。

這些地方對孩子到底是否會有用處，以及會帶來什麼學習效果，其實都是其次。育兒最重要的就是**「維持媽媽想耕耘孩子心靈的心情」**。

也就是說，只要孩子在家裡的時候，媽媽「展露笑容的比例」越高，就越能耕耘孩子的心。而心靈受到耕耘的孩子，就能依照自己與生俱來的的特性，長成最好的模樣。

相反而言，若和孩子相處的時間太長，長到會讓身為家長的你越來越煩躁，那不如減少和孩子待在一起的時間，將那段時間用來讓自己休息。這麼一來就能讓身心狀況恢復，讓傍晚孩子回到家中後，能以笑容迎人吧。

如此一來，雖然和孩子在一起的時間會稍微減少，但孩子對你的印象會變好，耕耘心靈的效率也會大幅提升。

請從平時就多留意「在孩子面前時，媽媽展露笑容的比例」吧。就算一天和孩子待在一起十八個小時，若其中只有一個小時會對孩子展露微笑，那孩子對你的印象就會是：「總是心情不好的媽媽」。

但若你一天只和孩子待在一起六個小時，但六小時全部都帶著笑容與孩子度過，那在孩子眼中，你給他的印象就是「總是在笑的媽媽」。

若你是這個孩子，比較想要哪種媽媽呢？

越忙的媽媽，就越應該試著將幼稚園、課外活動、才藝班等等當作「能提高我以笑容面對孩子的比例的地方」。

如此一來，就能沒有罪惡感地使用這些場所了。

❷ 冷靜堅持

其實不僅限於小孩，在面對所有人際關係時，有一個能制止他人失控的訣竅。**答案不是「熱情」，而是「冷靜」。**

在面對人際關係時，比起對對方「激動」怒罵，不斷碎碎唸，不如整個人散發出「冷靜的氛圍」，用最短的話語讓對方平靜、穩定下來，其實更容易讓對方冷靜，並更容易讓對方好好聽你說話。

正常情況來說，在人際關係中，若有一方「激動」起來，對方也會變得「激動」；但當一方表現出「冷靜」的態度，眼前的對象也會跟著「冷靜」。就像如此，若一方講話語速很快，對方也會受到影響語速變快；相反的當說話速度變慢，對方也會一樣變慢。這種容易受到對方情緒牽動的現象，在人際關係中很常發生，你是否也有過類似的經驗呢？

因此當你對孩子也「激動」地碎唸個不停，接收到這些話的孩子，心靈也會跟著躁動，難以平靜。進而變得更會鬧脾氣，你也會更難將事情傳達給孩子。

不過當你以「冷靜的氣場」、「穩定的氛圍」面對孩子，就能讓孩子從興奮中回神，並使其冷靜。如此一來，孩子就會卸下心中的盔甲，比較容易冷靜回顧：「該不會是我做錯了吧？」「我好像做了有點丟臉的事」。

在耕耘育兒中，可以利用兩種方法使出「冷靜穩定的氛圍」的招數。

其中一個方法，是平時就用簡短的說話方式拒絕孩子要求的「❷冷靜堅持」。另一個方法，是當孩子情緒化，情緒不穩時為了讓他冷靜下來所使用的「❸帶孩子走入平穩的世界」（請參考P201）。

這裡先介紹「冷靜堅持」的方法。

○「冷靜堅持」的作法

當你想拒絕孩子難纏的要求，或是想讓孩子停止鬧脾氣聽從指示時，請試著照下述方法做。

冷靜堅持的方法

①擺出自己最「帥氣的嚴肅表情」。

②不要有情緒，冷靜談話。

③發音標準，語尾下降果斷將話說完。

請留意這三點，再加上沈著的態度及堅定的行動。如此一來無論是誰，對孩子的說服力都會提升。

且試過就會知道，當與孩子互動時留意這三點，孩子在面對你時的態度，就會比過去更加冷靜。

若覺得要留意到這①～③點很困難的人，可以試著先從這一點開始。

那就是在面對孩子時，要**「以帥氣媽媽的形象與孩子交流」**。即使只遵從這點，也會有相同的效果。

至於詳細的技巧等，可以在專注於「帥氣媽媽形象」後再去調整即可。

○「冷靜堅持」的使用範例

具體的使用範例如下。

．當想維護放牧系統的「柵欄」時

希望孩子遵守第二章中設定為「柵欄」的「生活節奏」時，應說出如：「該去幼稚園了」「該睡覺了」「點心量就是這些了」等話語，不帶感情，用冷靜的情緒堅持。如此一來，孩子就會了解到「只能這樣」也更容易遵從指示。

特別是針對那些如放牧系統中的「柵欄」，平時與孩子之間有共識「必須遵守的規則」，比起每次都拜託孩子，或努力說服孩子，不如每次都淡然地說：「這些事本來就應該做到」。以冷靜的態度，用理所當然的口吻堅持、催促，更能讓孩子忘記不滿，也更容易遵從規定。

・安撫情緒上來的孩子時

當孩子鬧脾氣等時，以冷靜帥氣的口吻說出「原來如此」等同理的言語，比起較女性化的同理方式，更容易讓孩子的心穩定下來，大家不妨嘗試看看。

這種感覺就有點像很受歡迎的紳士大叔，去同理有情緒的年輕女生，不過這次「受歡迎的大叔」角色是由你來對孩子扮演。

・拒絕孩子難纏的要求時

【方法1】中以「三秒溝通」明確拒絕孩子要求時使用的「好，結束！」「不玩了！」「吵死了！」「快睡吧！」其實全都是「冷靜堅持」的例子。

・要認真罵孩子時

當然，認真罵孩子時也可以試試看「冷靜堅持」的方法。比起你自己出現情緒暴怒、碎碎唸、喋喋不休，這麼做更能讓孩子冷靜、反省，心也不會受傷。

總之當需要迅速、穩定向孩子搭話時，態度不應該「溫暖」或「激動」，請試著用「冷靜堅持」的方式。

你會驚訝地發現，這麼做孩子更能聽懂你的話。

❸帶孩子走入平穩的世界

雖然前面已經說過對孩子「冷靜堅持」的方法了。但依據孩子不同的狀態，「冷靜堅持」的方法也可能變得困難。

特別是在孩子情緒上來、態度不佳，讓我們束手無策等時候。當孩子叛逆期，或是因過去的「種植育兒」導致孩子心田乾枯，情緒變得非常不穩時，就容易時常擺出這種態度。

處於這種狀態的孩子，其實心裡根本沒準備好要聽家長說的話或順從。因此即便你的意見和忠告有多中用，還是可能使孩子的態度變更差。

因此這種時候，應該先刻意減少談話，用有威嚴、冷靜的態度聽孩子說，以穩定孩子的心情為優先。具體來說，應該試著採取以下態度。

①表現出冷靜的表情。

②不插嘴，好好聽孩子說的話。

③在心中反覆默念「沒事的，冷靜」。

就像這樣，試著將孩子帶向和自己一樣緩慢的呼吸節奏。

如此一來，孩子就會被你冷靜的態度影響，穩定下來。

等孩子的情緒稍微穩定下來後，再採取前述「冷靜堅持」的三個重點（請參

想讓孩子冷靜時，媽媽應採取的態度

①表現出
冷靜的表情。
③在心中反覆默念
「沒事的，冷靜」。
②不插嘴，
好好聽孩子說的話。

考P197），問他「怎麼了？」「你有什麼想法？」等，冷靜地開始向孩子搭話，孩子就會感覺和你的心連在一起，並覺得獲得共鳴，進而冷靜下來，甚至開始娓娓道來。

總之當孩子情緒不穩時，若你表現出「冷靜」、「帥氣」的動作，就更容易讓孩子孩子穩定下來。

特別是當孩子情緒不穩時，比起柔性的應對，這麼做更能有效地讓孩子冷靜。由於很容易上手，所以女性

也可以試著積極掌握，並且活用這些「冷靜應對」的方式。

○重點是搭配活用「冷靜應對」和「開心的氛圍」

透過「冷靜應對」，可以以P108中說明的【方法1】「快樂氛圍（三秒溝通）」，將變糟的氣氛恢復為原本開心的氛圍。

相反的，在【方法2】（第5章）中，則介紹了面對孩子在「開心的氛圍」之下，提出的「難纏的要求」，用「冷靜的行為」果斷拒絕的方法。

如前述的「好，結束！」「不玩了！」「吵死了！」「快睡吧！」等等。

也因此【方法1】的「快樂氛圍」和【方法2】的「冷靜應對」是能相互配

合的一種互補關係。

只要做到其中一項，另一項也將同時達成。

當達到平衡（講習慣後），不用動腦也能和孩子打造良好的關係。

如此一來，孩子眼中的你，就會是「帥氣媽媽」的形象。

且母親的形象會變得開心、溫柔、堅強、可靠、有趣、令人崇拜等，十分平衡。對你來說，與孩子一起的生活也將變得輕鬆許多。

因此，在實踐「帥氣媽媽戰略」時，請試著同時執行方法1、2。育兒一定會變得輕鬆、快樂許多。

微笑

第 6 章

「帥氣媽媽」的斥責方式

斥責或下指示時，在十秒內說出「原因」

讓人聽了願意順從的說法

當媽媽忙起來，在罵孩子時，往往不會告訴孩子為什麼這麼做不好，只會跟孩子說結論。例如：「不要鬧！」「不要跑！」「把東西收好！」等等。

但如此一來，孩子將難以理解「不應該這麼做」的原因，也難以產生想順從指示的動力，只會不斷惹惱忙碌的你。

為了改善這個狀況，下次罵孩子時，請試著加上簡短的原因。

例如當孩子在超市裡吵鬧、亂跑時，不是只喝斥：「別鬧了！」「別跑！」而是加上「你看那邊有個老爺爺。要是撞到，可能會害爺爺跌倒啊！」或是「真是的！那邊的小嬰兒在睡覺，你這樣會吵醒他！」等等。看看四周，找個理由明確告訴孩子。如此一來，孩子將能理解你的意思，更容易冷靜下來。未來也將比較容易學習。

○孩子能理解的說話方式才有意義

此外，在對孩子做「指示」時加上原因，孩子較容易依照你的期望行動。

例如不是單純說出「去整理」，而是說「我要用吸塵器，所以你把玩具收一收」，孩子就比較容易理解為什麼應該收好玩具。且說不定他知道媽媽要用吸塵器後，還會依照順序收拾，讓你比較好用吸塵器。

但在說「原因」時，請務必在十秒以內明確說出來。這是因為面對自己沒興趣的事，孩子根本沒辦法聽超過十秒。若一直對孩子說教，孩子還會因這些嘮叨而養成「當作耳邊風的能力」。因此務必留意每次都要在「十秒以內」說完原因。如此一來，將有助於孩子的學習。

○讓自己不要煩躁的「關鍵台詞」

為了避免自己對孩子感到煩躁，先設定好「關鍵台詞」將會方便許多。

例如當孩子忘記把課本帶回家、灑了一些飲料出來、玩鬧時弄髒衣服等等。這些都是相當瑣碎，根本沒必要因此斥責孩子的事。但你還是有可能因此對孩子感到火大，並想抱怨。

在這種時候，應該不露出任何笑容，只是冷靜地說出以下的關鍵台詞。

「咦，你是猩猩嗎？」

或是試著將猩猩替換成在你們家中最「底層」的「有趣角色」。

例如可以說出電視上常常被捉弄的角色的藝人名等等，吐槽他：「你是〇〇啊！」又或是對稍微犯了小錯的「小學生」孩子這麼說就挺有趣的。

「你是小學生啊！」

「對，我是小學生啊！」

「對耶，你確實是小學生。」

總之先準備好幾個「關鍵台詞」，就能避免你受到憤怒主宰，嘮叨碎念，也比較不會傷到孩子的心。孩子也會因此對你沒有隱瞞，願意將自己所犯的錯誤告訴媽媽。

其實當孩子犯了小錯時，不用媽媽刻意告訴他，孩子也知道自己做了不好的事。明明知道，卻還是主動向媽媽報告「我打翻了」、「我弄髒了」。所以若孩子做的事本身不是太嚴重的話，媽媽不需要刻意在孩子都明白的情形下還再嘮叨一次，搞壞家裡（親子關係）的氛圍，摧毀彼此的信任。

為了避免這種狀況，事先準備好剛剛好的關鍵台詞，當你感到有些生氣時，就直接說出來，先阻止開始有情緒的自己。

用較強硬口吻說完話後，在一分鐘內恢復心情

○儘早重整尷尬的氛圍

當你在扮演「帥氣媽媽的角色」，抽離情緒冷靜地斥責孩子，讓孩子冷靜下來後，當下的氣氛往往會有些尷尬、令人不快。

若你覺得當下的氛圍有些尷尬，在那之後請儘量試著在罵完孩子的「一分鐘內恢復心情」。

重點就在要儘早改善親子關係的氛圍。比起在孩子身上「種植」，以長期育兒策略而言，單純讓孩子的心田恢復到「能耕耘」的狀態（氛圍），將更有效率。

○不動腦恢復平時氛圍的方法

作法一點也不困難。就只是在罵完孩子後的一分鐘內，對孩子展現出「我已經恢復平時的狀態了」的態度即可。基本上無需刻意去做些什麼。

但若希望能做得更有趣一些的人，可以嘗試以下的說法。

例如你以強硬的態度對不太愛收拾的孩子說了「快點去收拾！」待確認孩子收好之後，可以再看往孩子的方向看，並這麼叫喊。

「哇！超快的！我們家的孩子怎麼收東西收得這麼快啊！」

如此一來，就能瞬間讓家裡恢復活潑的氛圍，孩子應該也會笑出來。

若你覺得要演這一齣太困難，也可以在說完「快點收拾！」後等一陣子，再問「你收好了嗎？」若孩子回答：「收好了！」隨意說幾句「好厲害喔！」或是「好快喔！」「你是天才！」收尾。不需要再多做更多。

讓我再舉些別的例子吧。孩子遲遲不換衣服時……

當說了「快點穿好！」生氣催促完孩子，孩子換好衣服後，再說幾句「哇，好強喔！」或「哇，好快喔！」結束。

雖然這件事根本沒什麼厲害的，但只要這麼說就對了。

老實說，正因為剛才媽媽才說「快點穿好」，孩子才願意換衣服，所以孩子換衣服的速度其實算是慢的。因此在這種時候說「好快喔！」其實不太合理，但其實不需要把這裡看得太過認真。最重要的是要儘早恢復氛圍，找回你想耕耘孩子心田的心情。所以儘量在一分鐘內，以不動腦的方式恢復原本的氣氛吧。

擁有「發怒是我的必殺技」的想法

帶有情緒的發怒，會使孩子的心田乾枯

正如前面所說，斥責孩子、發怒生氣時，「冷靜堅持」的方法既省力又有效。但當孩子做了不該做的事，不聽媽媽你說的話時，許多家長會「惱羞成怒」，對孩子產生情緒，投以憤怒。

但若太常對小孩做出欠缺冷靜的「惱羞成怒」行為，或是碎碎唸，將使孩子

「當作耳邊風的能力」提升，或不再願意對媽媽敞開心房，對育兒的各個層面來說效率都會變差。當然，也會使孩子的心田乾枯。

○選對用法，「發怒」其實是一種必殺技

雖說如此，還是有些人會因生活中時間、心境上的壓力所迫，而對孩子惱羞成怒。對這些人來說，由於會發怒在所難免，所以不如就接受，試著將「發怒當作自己的必殺技」，改變對「發怒」這個行為的想法吧。

「發怒」這件事，根據使用的方式不同，效果也會不一樣。

比起總是在發怒的人發怒，很少發怒的人大發怒，更容易讓孩子冷靜下來，孩子也比較容易真心反省。且也不會傷到孩子的心。

因此，請抱著「發怒是我的必殺技」的心態，平時儘可能不要發怒，直到關

鍵時刻，再試著根據以下規則發怒。如此一來，將能增加對孩子的說服力，且能讓心理受到的傷害降到最低，親子之間的關係也不會惡化。

那麼就讓我們來看看發怒的具體規則吧。

○必殺技的「發怒規則」

不容易傷害到孩子心靈的「發怒規則」有兩個。

那就是應用在「冷靜堅持」部分說明過的**「在十秒內說明」**和**「在一分鐘內恢復原本的氣氛」**兩種策略。

①發怒時間儘量控制在十秒以內，且要夠有氣勢

對孩子發怒的時間，請儘量控制在十秒以內。也就是說當你開始發怒的十秒

之內，必須迅速讓孩子放心，穩定下來。比起一邊忍耐、不甘不脆地發怒，不如在發怒時一口氣充滿氣勢的發怒，然後一口氣結束。

此時請儘量避開會否定人格等的嚴厲措辭，試著以易懂的方式表達你生氣的原因。如此一來，孩子比較容易會反省，心也不會受傷。你的發怒有意義，孩子也比較可能也不會再犯相同的錯誤。

〈NG範例〉說出會刺傷孩子的話語，人格否定。

「我在說話耶！你搞什麼啊！」
「你就是這樣才不成材！」
「好羨慕你喔，就會耍賴就可以喔。」

〈OK範例〉為表達自己生氣的事情多重要而發怒。

「快點收拾！我已經說很久了！」
「快換衣服！你要玩到什麼時候！」
「我不是叫你不要做了嗎！」

當然，這不是「推薦你這樣發怒」的意思。而是當不得不發怒時，可以用這種方式發怒的意思。

②發怒後，在一分鐘內恢復原本的心情

發怒也是不得已的事，所以在發怒後，更要儘可能努力在一分鐘內恢復原本的心情。例如若你認為自己生氣的原因是有道理的，那就在發怒後的一分鐘之

「發怒」時的兩個規則

①發怒時儘量控制在十秒內且要夠有氣勢

②發怒後，在一分鐘內恢復原本的心情

內，彷彿什麼事也沒發生過一般對孩子轉移話題。

如果發現自己生氣的理由其實不太合理，或雖然原因正當但情緒過度，之後只要冷靜補充說：「我剛才口氣有點嚴厲，但你真的不該那麼做。」即可。重點是避免讓孩子看到失控的一面，保持冷靜最重要。

總之當發現自己對孩子發怒後，比起因此沈浸在自我厭惡中，不如在發怒後馬上轉換為：「好！在一分鐘內恢復原本的氛圍吧！」的想法。最後不僅不會傷害到孩子的心，也能讓自己迅速恢復心情。若要用一句話來形容這兩個「發怒規則」，那就是「若要發怒，就盡可能乾脆地發怒。」

那些總是忍耐，想著：「不可以發怒」，反而不甘不脆地讓憤怒持續，或在反覆忍耐的最後反而讓怒氣爆發，說出最傷孩子心的話的人，可以試著用完全相反的想法，試著去想「想生氣時就乾脆地發怒」、「發怒是我的必殺技」。

這麼做將讓你和孩子的心情更容易穩定下來。

第 7 章

帶著驕傲育兒

帥氣媽媽就像「鋼管舞中的鋼管」

靜靜的、穩重的存在

前面已經說明了「帥氣媽媽」的具體作為。而當未來你想成為「帥氣媽媽」時，請試著想像自己是「鋼管舞中的鋼管」，去和孩子互動。

孩子就像是鋼管舞舞者。跳鋼管舞時，必須抓著鋼管，以鋼管為主軸，展現爆發力。越有爆發力，舞蹈就越生動，讓孩子盡情展現，也能磨練他的潛能。

當然，鋼管舞者越是舞動，鋼管所承受的壓力就會越大。但這並不表示鋼管舞者在找鋼管麻煩。

鋼管舞者正是因為「信任」鋼管，認為鋼管夠堅固，自己再怎麼舞動都不會倒，才能夠展現出最好的自己，也才能發展自己的舞技。

鋼管舞者對鋼管的期許，正是「堅固穩定，能永遠不變」。只要能達到這個期許，鋼管舞者就能憑藉對鋼管的信任，而精進自己的技術。

◯「特別為孩子做什麼」並不重要

在育兒上遇到瓶頸的人，常常會說「我不知道該給孩子什麼」、「我沒有多餘的力氣為他做什麼」。

這樣的人，就先試著將成為「鋼管舞的鋼管」當作目標吧。

不用想著「該為孩子做些什麼？」而應該試著去想**「我要在這裡，成為能支持孩子，且屹立不搖的存在」**。如此一來，你將發現身為家長的你，能做的事其實意外的單純又少，根本無需迷惘。

就抱持著這種概念，當你的鋼管舞者抓著你，卻不合理地暴走時，你不需要因此跟著一起發怒，而是應該展現自己穩定、沉著的樣子給鋼管舞者看。

讓他知道「沒事的，我（家長）永遠都在這裡支持你」。

將「帥氣的自己」當作人生目標

○「說出一個帥氣的人」的效果

前幾天，我聽一個幼稚園的老師說，班上很流行「說出一個帥氣的人」。老師會問幼稚園中的孩子們：「今天有誰表現得很帥啊？」然後孩子們就會搶著說「他借朋友蠟筆，超帥的！」「他對朋友很親切，超帥的！」在所有同學面前，互相發表。

接著就有小朋友問：「那可以發表自己帥氣的事情嗎？」後來這間幼稚園的孩子之間，就開始流行對朋友做帥氣的行為。

○「帥氣」是一種值得驕傲的生活方式

聽到這些話時，我深深被打動。果然關鍵在「帥氣」啊。

無論是孩子還是大人，當決定要「成為帥氣的自己」時，心中就會有一股「自豪」油然而生。而關於這點，無關男女皆適用。

若幼稚園的老師對女生不是說：「說出一個帥氣的人」，而是說「說出一個可愛的人」，說不定班上的女生都會開始，爭相想成為最可愛的女生。一個沒處理好，幼稚園中的學童們說不定還會出現競爭意識。

人往往會因希望「想被人認為自己很可愛」，進而開始渴望受到他人的肯定。當意識到想成為「可愛的自己」的瞬間，任何人都會變得被動，自己的價值觀會受到「他人會如何評論」、「是否會受到他人喜歡」左右。

但若抱著「想變得帥氣」的想法，就能不依賴他人的評價，而是以自己「是否能接受」為主，帶著「自豪」活下去。

因此正在育兒中的你，比起期望自己的孩子是「乖孩子」、「可愛的孩子」，或是「規矩的孩子」，不如試著以「是否帥氣」來當作判斷孩子行為的基準。如此一來，孩子就會慢慢以自己的信念和自豪為基準活下去。

為了達到這點，身為母親的你，請試著在孩子面前做出「帥氣媽媽」的樣子和相符的行為。

許多拿起本書的人，恐怕都為了自我肯定和自尊心低落而感到痛苦。現在育兒之所以不順利，也許不過是自我肯定低落所造成的副作用。

但即使是這樣的你，**只要在孩子面前表現出「帥氣媽媽」的言行，一切現狀就會跟著改變。**

一開始，你的心中會產生「自豪」，進而讓自尊心提升。同時你的「帥氣」舉止也會傳遞給孩子。孩子的心會變得穩定，想必也能養出一個自豪且帥氣的孩子。就算是現在，還來得及改變育兒模式。

以「帥氣媽媽」為主軸行動，和孩子一起改變吧。